象棋名手

大赛佳局赏析

2022年度

刘锦祺 编著

U0062858

化学工业出版社

·北京·

图书在版编目（CIP）数据

象棋名手大赛佳局赏析.2022年度/刘锦祺编
著.—北京：化学工业出版社，2023.5
ISBN 978-7-122-43013-7

Ⅰ.①象… Ⅱ.①刘… Ⅲ.①中国象棋-对局（棋类
运动）Ⅳ.①G891.2

中国国家版本馆CIP数据核字（2023）第036866号

责任编辑：杨松森　　　　　　　　　　装帧设计：张　辉
责任校对：宋　玮

出版发行：化学工业出版社（北京市东城区青年湖南街13号　邮政编码100011）
印　　装：三河市延风印装有限公司
710mm×1000mm　1/16　印张10½　字数200千字　2023年5月北京第1版第1次印刷

购书咨询：010-64518888　　　　　售后服务：010-64518899
网　　址：http：// www.cip.com.cn

定　　价：59.80元

前　言

盘点2022年大大小小的比赛，我们发现由地方政府牵头承办的比赛，不仅规格和奖金都较高，形式上也不局限于单纯的竞技比赛，而是更多地倾向于与当地的人文环境、经济条件、旅游资源等多方面相结合，办出一些各地独有的特色。这表明象棋活动正向着多元化、国际化的方向发展。

在2022年里举办的大型象棋赛事主要有第二届"上海杯"象棋大师赛、全国象棋甲级联赛第一阶段、第八届"温岭杯"全国象棋国手赛、"贵州特曲·广奇杯"第十届视频象棋快棋赛、第六届"吉视传媒杯"象棋全国冠军南北对抗赛、第五届"一带一路"成都全球象棋双人赛、第十七届世界象棋锦标赛、亚洲杯象棋团体网络赛、"华东大峡谷杯"第四届全国象棋棋后赛、第十九届亚洲运动会象棋选拔赛、第二届全国象棋冠军元老赛、第六届"元朗荣华杯"象棋公开赛等。这些高级别赛事的举办，一方面提升了象棋竞赛的整体水平，另一方面也为棋迷呈现出了许多精彩纷呈的对局和变化。

自2020年《棋艺》杂志停刊后，近两年在象棋最新对局赏析方面的棋书鲜有问世，本书为满足初、中级爱好者欣赏、学习名手们实战对局的需求而推出，以年度国家级赛事为选材范围，书中所有棋局都是2022年名手们的高水准对局和时下较为流行的变化，有非常高的学习和借鉴价值。

在编写的过程中，笔者对每项赛事以"赛事介绍"的形式与读者一道简单地回顾一下比赛的进程，然后精选有代表性的对局进行详细讲解，力求还原比赛对局中着法的精妙之处，以及为读者朋友们指出影响棋局发展的得失关键之所在。

由于此类棋书力求时效性强，成稿时间略显仓促，书中如有不足之处，敬请读者朋友们批评指正。

刘锦祺

目 录

"贵州特曲·广奇杯"第十届视频象棋快棋赛

第六届"吉视传媒杯"象棋全国冠军南北对抗赛

第五届"一带一路"成都全球象棋双人赛

第十七届世界象棋锦标赛

第六届"元朗荣华杯"象棋公开赛

第二届"上海杯"象棋大师赛

第二届"上海杯"象棋大师赛是由上海市体育局、上海市体育总会和上海市嘉定区人民政府主办，包括专业组和海外组。专业组包括男子个人赛和女子个人赛，按照中国象棋协会公布的截至 2021 年 12 月 31 日的等级分，排名靠前的 23 名男子棋手和 7 名女子棋手获得专业组参赛资格。另外，东道主还可以提名男子和女子棋手各 1 名。

在第一阶段的预选赛中，男子组分 A、B 两组，每组 12 人进行 5 轮积分编排赛。每组各取前 2 名棋手进入第二阶段的同名次决赛。女子组也分为 A、B 两组，每组 4 人进行 3 轮单循环赛，每组前 2 名棋手进入第二阶段的同名次决赛。两个小组第一名争夺冠军，两个小组第二名争夺季军。

在小组赛中，王天一和郑惟桐分别获得各自所在小组的第一名，直接晋级专业男子组的冠亚军决赛，进入专业女子组冠亚军决赛的是吴可欣和陈幸琳。在决赛中，王天一战胜郑惟桐，夺得专业男子组冠军。陈幸琳击败吴可欣，在专业女子组折桂。

第1局　四川 郑惟桐 先负 杭州 王天一

【中炮七路马对屏风马右炮过河】

①炮二平五　马8进7　　②马二进三　车9平8

③车一平二　卒7进1

当黑方想走成中炮进七兵对屏风马挺7卒的阵形时，黑方都会在此时选择进7卒以避开红方兵三进一的变例。如果红方一定要走进三兵的变例，在这一回合就不能走车一平二而直接抢走兵三进一。这一回合中红方或者黑方出子次序的变化，直接影响着双方布局的走向。

④兵七进一

红方进七兵保持左马的灵活性，同时可以避开车二进六，马2进3，马八进七，卒3进1，黑方走出两头蛇阵势的变化。

④……　　炮2进4

前面几个回合均是常见的布局套路，而此时黑方右炮过河却是打破常规的走法。黑方最常见的选择是炮8进4，借用8路车、7路卒的支援，进炮封车。在这个变化中由于红方三路兵无法挺起来，三路马受制，黑方的封锁结构相当坚实。

⑤车二进四

面对黑方冷箭，郑特大经过长考后选择车二进四高车巡河的稳健下法。高巡河车放弃三路兵，可确保车位较佳，得大于失。更重要的是郑特大不希望走成兵五进一，炮8进4，马八进七，马2进3，车九进一，炮2平3这种中炮直横车对屏风马双炮过河的变例，是顾忌这个变例中黑方反弹力强大，红方不易控制。

⑤······ 炮 2 平 7

黑方炮打三兵是必走之着，否则红方兵三进一兑兵后又抢到车二平三捉马的先手，黑方 2 路炮失去落点，其右翼的棋形结构散乱，黑方不利。

⑥相三进一 马 2 进 3 ⑦炮八平七

红方平七路炮是针对性较强的选择。如改走马八进七，则车 1 平 2，车九平八，车 2 进 4，马七进六，车 2 退 1，炮八进二，象 7 进 5，红方在巡河线上虽然积蓄了大量子力，但是找不到突破点，黑方满意。

⑦······ 象 3 进 5（图 1）

黑方象 3 进 5 以静制动，这着棋早年见于全国象棋团体赛中。近年来流行的下法是车 1 平 2，节奏更明快，以下马八进九，车 2 进 4，车九进一，炮 8 平 9，车二进五，马 7 退 8，炮七进一，炮 7 平 3，马九进七，马 8 进 7，双方子力位置相对开扬，局面上双方都可接受。

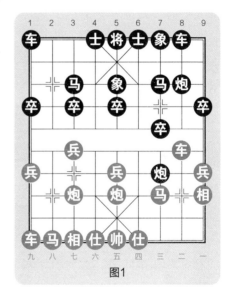

图1

⑧兵七进一

弃兵是当前局面下红方常用的手段，以后通过马八进九、炮七进一兑炮再马九进七把边马活通。送兵还有一个作用就是阻止黑方挺卒活马，延缓黑方阵形展开的速度。

⑧······ 象 5 进 3 ⑨马八进九 炮 8 平 9

上一着红方跳边马后，看似给黑方留出一个车 1 平 2 的通路，但是黑方选择车 1 平 2 后，红方续走炮七进一，炮 7 平 3，马九进七，不仅把楔入红方阵地中的 7 路炮兑掉，并且把位置最差的边马也活通了出来，红方满意。考虑到上面的变化，临场王天一选择平炮兑车的走法。

⑩车二进五

正着！如车二平四避兑，黑方车1平2，红方再走炮七进一时，黑方可车8进6保炮，黑方空间优势进一步扩大，红方无趣。

⑩……　　　　马7退8　　⑪车九进一　士4进5

黑方先补士用心良苦，待红方车九平六时，可以直接车1平4形成交换，这样黑方子力活跃的特点可以发挥得更好。

⑫炮七进一

当前局面下红方主要有三种进攻思路：一是车九平二，马8进7，车二进六，马7进6，红方不能车二平七吃马，否则马6退5打死车，红方只能一车换二，形势不利；二是车九平四，车1平4，车四进二，车4进7，炮七进四，炮9平7，仕四进五，车4退4，炮五平七，双方互缠，黑方易走；三是实战中的炮七进一，先活通边马，保持子力位置上的优势，是最佳方案。

⑫……　　　　炮7平3　　⑬马九进七　车1平4

⑭车九平二　马8进7

至此双方布局阶段结束，进入中局的争夺。就当前局面而言，红方虽少两个兵，但是子力位置灵活，弥补物质上的损失，黑方子力位置稍差，但是3、7卒的潜力无限，双方各有利弊。

⑮马三进四　马7进6

以上几个回合，双方见招拆招，互有攻守。黑方进马也是合情合理的一着棋，限制红马灵活性的同时，尽量保持复杂的局面。如车4进5进车捉马，则马四进六，卒5进1，车二进五，马3退4，车二平七，炮9进4，兵五进一，局面导向开放，红方要更有利一些。

⑯马七进六　车4进2　　⑰炮五平三

红方平炮打象虚晃一枪，黑方如误走象7进5，则炮三平六打死车。

⑰……　　　　炮9平7　　⑱炮三平六　车4平6

⑲炮六平四

红方利用顿挫战术把黑9路炮引到7路线，避免黑方以后炮9进4打边兵的选择。

⑲……　　　卒5进1

黑方子力受制，唯有冲中卒活通3路马。

⑳车二进四　马3进5　　㉑车二进一　卒7进1

㉒车二平五　卒7平6　　㉓车五平三（图2）

实战中红方平车拦炮，意在发挥车、炮的拴牵作用，限制黑方子力的效率。然而恰恰是这着棋给了黑方脱身的机会，成为本局红黑双方优劣易手的转折点。当前局面下红方最合理的走法是仕四进五先补一着，以下卒6进1，炮四退一，继续保持拴牵。黑方如续走象3退1，则车五平七，马6进5，车七平五，黑方子力仍受压制，红方满意。

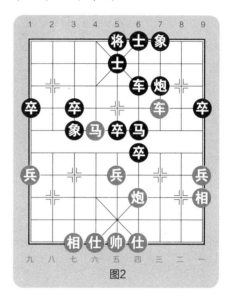

图2

㉓……　　　马6进8

黑方进马是简明的交换手段，正是红方上一着车五平三时忽略之着。

㉔车三平二　卒6平7　　㉕仕四进五　马8进9

弃马吃相以后，黑方摆脱红方拴牵，可以充分发挥多卒的优势。

㉖车二退四　炮7进2　　㉗马六退七　车6进4

㉘马七退六

红方中兵不能丢，否则黑方利用红方缺相的弱点，车炮卒可以迅速组织攻势。

㉘……　　　车6平9　　㉙炮四平一　卒7平6

黑方虽少一子，但是净多三个卒，物质力量雄厚。红方最大的困难是右翼车炮反被黑车拴住，左马又没好的位置可选择，无法及时给车炮以支援，黑方已然获得大优之势。

⑨马六进八　炮7退2　　㉛相七进五

红方是准备黑方炮7平9时，可以相五退三进行支援。但是这着棋没解决车炮的空间问题，不如车二平六，炮7平5，马八进七，炮5进4，马七退五，车9平5，车六进四，红方保持多子的力量与黑方周旋。

㉛……　　　　车9平5　　㉜马八进七　车5退1
㉝马七退六　车5进1　　㉞马六进七　车5退1
㉟马七退六　车5进1　　㊱车二平三　炮7平2

平炮转攻红方左翼，方向正确，黑方自此由守转攻。

㊲相五退七　车5平8

闪开中路，伏有卒5进1或炮2平5的立体攻势。

㊳炮一退一　炮2平5　　㊴炮一平三　象7进9
㊵马六进七　车8退2

黑方退车保卒细腻。如卒5进1，则马七进五，车8进3，仕五退四，车8退6，仕六进五，红方仍有一线生机。

㊶炮三退一　卒5进1　　㊷帅五平四　卒5平4
㊸马七退六　卒4进1　　㊹马六进八　卒4平3
㊺马八退七　卒6进1

黑方连续运卒捉马，把红马逼入困境，使其不能参与右翼的防守，再冲6路卒，红方防守更加艰难。

㊻马七进五　车8平6

黑方接下来伏有卒6平7的闪将手段。

㊼马五进六　车6进1　　㊽马六进五　车6退2

红方如续走马五退六，则卒6平7，车三平四，炮5平6捉死车，行棋至此，红方认负。

第2局　河北 申鹏 先胜 湖北 汪洋

【中炮过河车七路马对屏风马右炮过河】

①炮二平五　马8进7　②马二进三　车9平8

③兵七进一　卒7进1

黑方先进7卒，放弃炮8平9形成左三步虎的变化，有意形成中炮七路马进七兵对屏风马挺7卒的阵势。

④马八进七　马2进3　⑤车一平二　炮2进4

右炮过河是目前流行的积极下法。需要指出的是，有些棋友改走炮8进4，红方则炮八进二，将来可以兵三进一兑兵活马扩大先手，黑方不利。同样是进炮，效果不同。

⑥兵三进一

红方弃兵打破黑方形成双炮过河变例的企图。

⑥……　　　卒7进1　⑦车二进六

红方挥车过河，是弃兵抢攻的后续手段。

⑦……　　　卒7进1

黑方冲卒，对攻之着。

⑧马七进六

红方弃马抢攻，力争主动。另有两种走法：一是马三退五避其锋芒，以下车1进1，车二平三，炮8进7，车三进一，车1平6，炮五平四，马3退5，车三退三，车8进8，黑方弃子有攻势；二是直接车二平三，黑方可走马7退5，马三退五，炮8进7，马七进六，马5进4，黑方满意。

⑧……　　　炮8平9

以往的布局理论认为黑方平炮兑车着法嫌软，走卒7进1更积极。实战中汪特大反其道而行，应是有所准备。

⑨车二平三　　车8进2

黑方高车保马，以后利用7路马作为反击的攻坚点。

⑩兵七进一　炮2退5　　⑪车三退三

红方退车吃卒，稳健。如兵七进一，则炮2平7，车三平四，卒7进1，炮八平三，炮7进6，兵七进一，车1进2，马六进八，车1退1，红方子力分散，黑方以后把红方右翼作为主攻方向，黑方更满意。

⑪……　　　炮2平7　　⑫车三平四　卒3进1

⑬炮八平七　车8进6

双方行棋至此，布局阶段结束，黑方子力位置要比红方更为协调，车马双炮四子在左翼集结，蓄势待发，黑方稍好。

⑭车九平八（图3）

红方抢出左车，放黑方3路卒过河，有意制造出一个战斗的爆发点。布局到中局的过渡过程中，主动制造爆发点，并且能够控制这个爆发点引发的后续战斗是棋手功力的体现。假如红方求稳走相七进九，黑方可以通过车8平4捉马抢先引发战斗，以下车四进一，车1平2，红方受困，只有再续走车四进四打破相持局面，黑方可炮7进6，炮七平三，车4退3，炮三进七，士6进5，炮三平一，炮9进4弃还一子解除底线危机，红方炮一退六后，象3进5，黑方多卒易走。

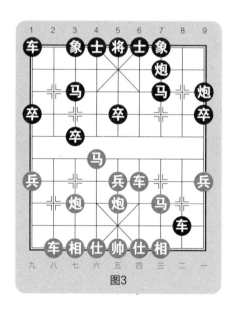

图3

⑭……　　　卒3进1　　⑮马六进四

进马交换是红方放黑卒过河的依据。

⑮……　　　马 7 进 6　　⑯车四进二　象 3 进 5

行棋至此，黑方优势无疑。但在这个局面下，黑方是攻是稳则是一个两难的抉择。如果选择进攻，可改走炮 7 进 8，仕四进五，卒 3 平 4，帅五平四，士 6 进 5，车八进六，炮 7 平 9，以后黑方可以利用红方帅位不佳的弱点再走后炮平 6，黑方有攻势。实战中，汪特大在优势意识的支配下，选择相对保守的象 3 进 5 的变化，虽然仍有优势，但优势显然缩小了。

⑰马三进四

红方进马是一步解围的妙手。

⑰……　　　炮 9 平 7　　⑱车四平二　车 8 平 7

黑方考虑到如车 8 退 4 兑车，接下来后炮进 8 虽得一相，但是子力分散难有作为，于是黑方选择平车继续攻击红方三路相。

⑲相三进一　卒 3 平 4

平卒缓手，等于在紧张的局面中脱离了主战场。黑方可以考虑车 7 平 6 攻马，红方如马四进五，则马 3 进 5，炮五进四，后炮平 5，炮五进二，士 4 进 5，黑方伏有车 1 平 4 出车的手段，黑势不弱；又如红方车二退一保马，则卒 3 进 1 冲卒寻求交换，以下炮七进五，前炮平 3，炮五进四，炮 7 平 5，炮五进二，士 6 进 5，马四进六，车 1 平 3，马六退七，黑方满意。

⑳仕四进五

红方顺势补仕，黑方攻势被化解。

⑳……　　　车 7 退 2

眼见攻势受阻，黑方把思路放在谋兵上，机动灵活。

㉑炮七进四　车 7 平 9

黑方吃边兵时机不对，被红方抢攻在前。黑方宜走前炮平 6，马四进五，马 3 进 5，炮五进四，炮 7 平 5，车二进一，车 1 平 3，车八进六，卒 4 进 1，黑方把棋局发展的重心放在全力防守上，双方仍是互有顾忌的局面。

㉒ 车二进二　　前炮进2　　㉓ 马四进六

红方先进车捉炮，迫使黑方3路马失去保护，再进马捉马，连续抢先。

㉓……　　　　车9进1

面对红方咄咄逼人之势，汪洋特大敏锐地发现红方底线的弱点，弃马吃相，暗伏炮碾丹砂的攻击手段，重新夺回局势的主动权。由此可见，红方马四进六这着棋稍显急躁，不如车二平三，后炮平8，马四进五，马3进5，炮五进四，炮8平5，炮五进二，士4进5，炮七平五，与黑方打持久战。

㉔ 帅五平四

红方出帅防止黑方车炮抽将。

㉔……　　　　车1进1　　㉕ 车二平四　　后炮平6

㉖ 车四平五　　车1平5（图4）

黑方这是自毁长城的一着棋。简明的走法是士6进5，炮五进四，车9进2，帅四进一，炮7平6，炮五平四，前炮平5，炮四平六，车1平4，黑方稳步推进，把红方攻势一一化解，黑方仍持优势。

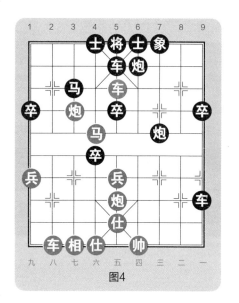

图4

㉗ 炮五进四

这是红方当仁不让的手段。

㉗……　　　　车9进2

㉘ 帅四进一　　炮7平6

㉙ 马六进四　　后炮进1

㉚ 车五进一　　将5进1

㉛ 车八进八　　将5退1　　㉜ 炮五退一

战至32回合，红方形成车双炮绝杀，这样申鹏特级大师获得本届比赛的第三名。

第3局 广东 陈幸琳 先胜 浙江 吴可欣

【五八炮对屏风马互进三兵（卒）】

①炮二平五　马8进7　　②马二进三　车9平8

③车一平二　马2进3　　④兵三进一　卒3进1

⑤马八进九　车1进1

双方轻车熟路布成中炮进三兵对屏风马挺3卒阵势。黑方车1进1起横车是吴可欣大师比较喜欢的走法，在2021年的女子象甲联赛和快棋锦标赛中，她多次采用这一变例，取得2胜1和的战绩。

⑥炮八进四

红方稍作思索，即作出炮八进四的应对，应是有备而来。从布局的角度选择来讲，除炮八进四以外，红方还有炮八平七的走法。两者区别在于五八炮的棋形结构稍显厚实，局面发展要平稳一些；五七炮的棋形结构倾向于进攻，接下来的变化要尖锐一些。

⑥……　　　　　马3进2

⑦车九进一　车1平4

黑方抢出肋车并伏有车4进2捉炮的先手，既是马3进2的后续手段，又是当前局面下能够抢到的最大先手。

⑧炮八平三　象7进5

⑨车二进四（图5）

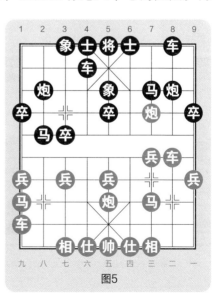

图5

右车巡河是陈幸琳特大准备的"家庭作业"。在 2021 年时凤兰两战吴可欣的对局中，红方分别采用兵九进一和车九平四两种攻法，效果均不佳，吴可欣大师均取得胜利。虽然说红方失利的原因并不一定是因为布局阶段某一步具体的着法选择，但是再重走前路时可能面临着吴可欣大师布局准备会更加充分的不利境地。考虑到这些技术和非技术因素，陈特大抢先变着。右车巡河的走法最早出现在 1987 年全国象棋个人赛柳大华与陈孝堃之间的对局中，这着棋的作用在于消除黑方卒 3 进 1 弃卒的反击。

⑨……　　　　卒 1 进 1

黑方冲边卒制约红方边马的同时，切断红方以后炮三平九转移的路线，一着两用。如改走卒 3 进 1，则兵七进一，炮 2 平 3，兵七进一，象 5 进 3（炮 3 进 7，仕六进五，象 5 进 3，车九平八，马 2 退 3，红优），车九平八，马 2 退 1，仕六进五，红优。

⑩ 车九平四　　车 4 进 3

双方互升巡河车，红方属于稳健的走法，而对黑方来说似应走士 6 进 5 固防更为含蓄。

⑪ 车四进五

由于黑方行棋次序的变化，红方果断选择车四进五的抢攻着法。由此不难看出黑方车 4 进 3 的问题所在，如果当时走士 6 进 5，红方车四进五，黑方可炮 2 进 1，大优。

⑪……　　　　士 6 进 5　　⑫ 马三进四

红方进马继续加强中路的攻击力量。

⑫……　　　　车 4 进 4

面对红方的稳步推进，黑方不甘苦守，进车下二路线，积极展开反攻。

⑬ 兵三进一　　马 2 进 1　　⑭ 马四进五　　马 7 进 5

⑮ 炮三平五　　车 4 平 7　　⑯ 兵三进一

红方利用交换战术，稳稳地巩固住中路的优势。

⑯……　　　　车 7 进 1

当前局面下，除用车吃相以外，还有炮2进1的选择，红方如前炮退二，则炮2平7，吃掉红方过河兵，不利之处在于黑方8路线上车、炮会被牵死。实战中黑方吃相先制造出红方防守上的弱点，再伺机制造混战的机会，吴可欣大师顽强、好战的棋风可见一斑。

⑰后炮平二

平炮牵制体现出陈特大良好的大局观，黑方双炮和8路车被红方拴牵住，局势困顿。

⑰……　　　车7退3　　⑱兵五进一　卒3进1

黑方不能直接走马1退2回防，否则炮五退一，黑马仍要马2进1回到原位，因此只能通过弃卒来调整马位。

⑲兵七进一　马1退3　　⑳相七进五

红方飞相简明，如随手走仕六进五，则马3进2，相七进五，马2退4，黑方有透松局面的机会。

⑳……　　　马3退4　　㉑炮五退一　车7平4

㉒兵三进一

红方冲兵打破黑方担子炮的防御阵形，准备发起总攻。

㉒……　　　炮2进1

劣势局面下，吴可欣大师并未失去斗志，进炮打车再度企图把局面搅乱。此时黑方如炮2平7吃兵，则马九退七，车4退2，炮二进五，炮7退2，车四平三，黑方明显吃亏。

㉓车四进二　炮8进1

黑方升炮后再次形成担子炮防守阵形，把进攻的难题留给红方。

㉔炮二进四（图6）

实战中陈特大针对黑方底线

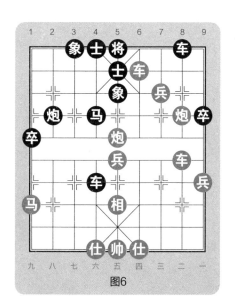

图6

的弱点，进行交换，以打破黑方壁垒。但就棋而论，红方其实错失了一击制胜的机会。红方宜走马九进八，马4进3，车四退二，车4退3，车四平六，马3退4，马八进六，炮2进6，相五退七，炮2退7，炮二进四，红方大优。

㉔……　　　　车8进3　　㉕车二进二　炮2平8

㉖车四平二　炮8平5

黑方还架中炮以后，双方形势趋于稳定，红方仍有优势，但是优势已经不大，吴可欣大师以攻代守的战略得以实现。

㉗车二进一　士5退6　　㉘车二退三　马4进5

㉙车二平五　马5进6

稍急，黑方可以先走车4退2，稳一稳，待兵三进一，车4平2，稳住局面为宜。不过，实战走法的好处是把局面变成更加尖锐，双方都没有退路可言。

㉚帅五进一　士4进5　　㉛帅五平四　马6进8

㉜车五平七　将5平4　　㉝炮五平八　马8退7

退马将军随手，黑方可以象3进1先避一着，以后再卒1进1，最大限度地利用红方帅位不佳的弱点谋取利益。

㉞帅四平五

红帅平中后，红方只需要防住黑方车马冷着作杀即可。

㉞……　　　　车4进2　　㉟帅五退一　车4进1

㊱帅五进一　马7退5

黑方应考虑先车4退1，帅五退一，马7进5，削弱红方防守力量，再筹划攻势。

㊲车七退五

上一着黑方退马稍缓，红方抓住时机退车占据防守要点，黑方攻势被化解。

㊲……　　　　将4平5　　㊳炮八进四　士5退4

㊴车七进六　士6进5　　㊵车七平五　马5进6

㊶兵三进一

进兵后，红方胜利在望。

㊶……　　　　车4平1　　　㊷相五退七　马6退4

㊸帅五进一

黑方认负。

第4局　黑龙江 王琳娜 先负 浙江 唐思楠

【中炮左边马对屏风马】

①炮二平五　马8进7　　　②兵三进一　车9平8

③马二进三　卒3进1　　　④车一平二　马2进3

⑤马八进九　象3进5　　　⑥车九进一

唐思楠在2017年时曾代表黑龙江队参加女子甲级联赛，和王琳娜特级大师作为队友一起征战。两位棋手在布局开始后可谓是轻车熟路，用时不多。红方形成中炮横车进三兵对屏风马进3卒的布局，同时有意避开近年流行的五七炮进三兵对屏风马挺3卒的阵形。

⑥……　　　　士4进5　　　⑦车九平七　炮8进2

黑方进炮巡河避免红方车二进六压马，造成左右两翼受攻的局面。

⑧炮八进四

红方进炮准备炮八平三压马，限制黑方子力的出动的速度。如改走兵七进一，则卒3进1，车七进三，马3进4，以后车1平3，双方交换以后，黑方阵形工整，子力占位较佳，红方先手不大。

⑧……　　　　　车1平4　　⑨炮八平三

平炮打卒和兵七进一打开七路线都是红方可行的选择。兵七进一的变化双方易形成短兵相接之势，子力交换难以避免，平炮打卒则有利于保留变化，两者各有利弊。

⑨……　　　　　车4进5

进骑河车控兵禁马，这是黑方当前的必走之着。

⑩兵三进一　　炮8进2　　⑪车七平四　　车4退1

⑫车四进四　　炮2进2

红方步步为营，黑方寸土不让，双方在沿河地带发生激烈战斗，形成互有顾忌的局面。

⑬马三进四　　车4进1（图7）

进车闪击展现出黑方积极求胜的态度。如车4平6，则兵三平四，炮8平6，车二进九，马7退8，兵四进一，炮6退3，马四进五，马3进5，炮五进四，卒1进1，形成无车局的缠斗，双方势均力敌，和棋的机会较大。

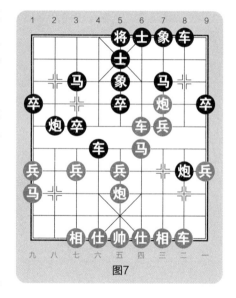

图7

⑭车四进三　　炮2退3

⑮车四退三　　炮8进1

⑯炮五平三

红方平炮好棋，既与前面的炮兵相呼应，又伏有后炮进二打车的手段。

⑯……　　　　　车8进5

如果被红方抢到兵三平二这着棋，把黑方8路车困在底线，黑方子力将难以展开。

⑰后炮进二

进炮打车是红方炮五平三的后续手段。

⑰……　　　　车4进3

进车下二路，积极有力，给红方判断带来一定的麻烦。可能临场王特大认为黑方会选择较为扎实的车4退3的下法，以下相三进五补一着，红方稳占优势。

⑱相三进五

红方补相惯性思维导致的疏漏，以致被黑方突发妙手弃车抢攻。红方稳健的走法是马四退三，以下车8平7，车二进二，车7平4，仕四进五，马7退9，马三进四，炮2进3，车四进一，卒3进1，马四进五，马3进5，炮三平五，红方略优。

⑱……　　　　炮8平1　　⑲车二进四　　炮1进2

红方子力都集中于右翼，但是黑方却在另一侧动手，红方颇有望洋兴叹的感觉。

⑳仕四进五　　炮2进8　　㉑帅五平四　　车4平5

黑方一击中的！如炮1平3，则帅四进一，炮3退1，后炮退三，红方反获优势。

㉒前炮平九　　马7进6　　㉓炮九退六　　车5平4

㉔兵三平四　　车4进1（图8）

又是一步精准的进攻手段。如车4平1急于得子，红方可炮三进三，马3进2，马四进六，车1平4（车1进1吃炮位置太差），炮三退七守住底线，车4退4，车二平八捉双，车4平6，帅四平五，马2退3，车八退四，红方保持多子的优势。

㉕帅四进一　　车4平6

㉖帅四平五　　车6退4

㉗兵四平三　　马3进4

红帅失去双仕的保护，黑方

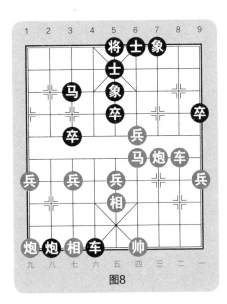

图8

进马后，红方形势岌岌可危。

㉘兵三进一　象7进9　　　㉙兵三平二　象5进7

黑方利用双象位置的变化，消除红方进攻的可能性。

㉚炮九进二　车6平2　　　㉛帅五平四　马4进5

㉜炮三平六　车2进3　　　㉝帅四进一　马5进7

㉞车二退一　车2平4

平车捉炮的同时占据进攻要点，黑方车马炮联攻红帅，胜势已成。

㉟炮六平八　马7退6　　　㊱车二平四　马6进4

㊲车四平五　炮2退3　　　㊳炮八进一　车4平8

黑方车马炮三子联攻，红方已防不胜防，主动认负。黑方唐思楠获胜。

第5局　杭州　王天一　先胜　河南　武俊强

【对兵局】

①兵七进一　卒7进1　　　②马八进七　马8进7

双方均跳正马，相互试探，稳步推进。

③炮八平九

红方平炮边陲，迅速通车攻击黑方尚处原位的右翼子力，着法明快。对兵局因子力并非短兵相接、各环紧扣，故布局伊始的选择面极宽。

③……　　　马2进3

黑方跳马布成屏风马，是稳健之着。如改走马2进1，车九平八，车1平2，炮二平五，黑方中路稍显薄弱，阵形的间架结构留有破绽。

④ 车九平八　车1平2　⑤ 马二进一

红方选择跳边马，保持阵形的灵活性，以后有相三进五、炮二平四等多种选择。

⑤ ……　　象3进5

2020年第二届鹏城杯全国象棋排位赛上，王天一特级大师执黑对阵赵鑫鑫特级大师，那盘棋王特大选择的是象7进5的变化。熟读兵书的武俊强大师自然不肯重演旧变，直接选择象3进5飞右象的变化。

⑥ 车一进一　车9进1　⑦ 车八进六

红方左车过河避免黑方炮2进4封锁。如车一平六，则炮2进4，车六进二，车9平2，相七进五，前车进3，黑方满意。

⑦ ……　　车9平4　⑧ 相三进五（图9）

细腻，同样是飞相，不宜拘泥于配合右横车和边马的结构而走相七进五。考虑到黑方子力集结于红方左翼，飞右相要比飞左相更厚实。黑方之前如车9平6，红方相七进五是理想的选择，实战中黑方车9平4，红方相三进五更合适。布局阶段双方主要任务就是出动子力，协调阵形，随机应变是非常重要的。

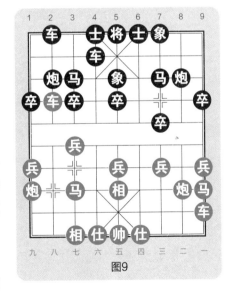

图9

⑧ ……　　卒9进1

进边卒制马是武俊强大师的创新着法。常见的选择是车4进3巡河，以下车八平七，车2平3，车七平八，车4平2，车八退一，马3进2，车一平三，车3进3，黑方阵形坚实，双方大体均势。

⑨ 兵三进一　卒7进1　　⑩ 车一平三　马7进6

⑪车三进三　炮2平1

黑方平炮兑车，稍显示弱。不如车4进3支援盘河马的同时，有机会通过卒3进1兑卒活马，黑方阵形更有张力。试演一例：车4进3，炮九进四，卒3进1，兵七进一，车4平3，炮二平三，士4进5，以后还有车3进2压马的手段，黑方满意。

⑫车八进三　马3退2　　⑬炮九进四　马2进3

⑭炮九退一　车4进3

面对红方骑河炮的"挑衅"，黑方是"避"是"战"有两种思路。除实战直接面对骑河炮的"战法"，黑方还有马6退8先安左翼的"避法"，两者选择实战的着法要简捷一些，马6退8的走法演变下去要更加复杂。

⑮炮九平四　车4平6　　⑯马七进六　车6平4

⑰车三平四

红方平肋车准备掩护六路马进四。王天一特大行棋间透出的压迫感，时常让对方觉得非常棘手。

⑰……　　　士4进5　　⑱马六进四　炮1退1（图10）

黑方退炮守住下二路线的同时，保持边炮的灵活性，看似一举两得，实则不然。退炮这着明显是随着红方的进攻节奏而做出的被动应对，没有充分考虑本方的棋形结构。黑方宜走炮8平6，马四进二，马3进1，黑方棋形更加厚实，3路弱马也能出来加入战斗，明显好于实战的选择。

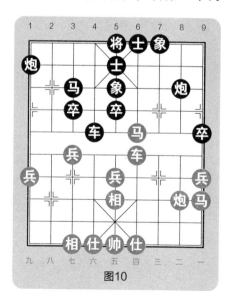

图10

⑲炮二进三　车4进2

⑳炮二退二　车4退2

㉑马一进三

红方走马一进三这着棋后，阵形上基本没有弱点，黑方防守压力进一步增大。

㉑…… 马3进1 ㉒炮二进二 车4进2

㉓车四平五

红方平车捉卒，对黑方阵地进行渗透式的进攻。

㉓…… 炮1进5 ㉔车五进二 马1退2

黑方退马保守，其位置不佳，宜走马1进2，仕四进五，车4进2，炮二退四，车4退6，炮二进三，马2进3，黑方局势尚可。

㉕仕四进五 炮1退3 ㉖车五退一 马2进4

㉗车五平九

临场王天一特大敏锐地观察到黑车的位置不佳，在纵线上仅有两个位置可占，于是设计出了一个惊天陷阱，请君入瓮。

㉗…… 炮1平2 ㉘炮二退二 车4进2

避炮锋芒后仅有一个位置可占。

㉙马三进五 象5退3 ㉚马五退七

回马枪，正是武大师之前忽略的着法。

㉚…… 车4平3 ㉛车九平八 象7进5

㉜马七进九 炮2退2 ㉝炮二退二

黑车被捉死，黑方认负。

第6局　四川 郑惟桐 先胜 浙江 赵鑫鑫

【五七炮对屏风马进3卒】

①炮二平五 马8进7 ②马二进三 车9平8

③车一平二 马2进3 ④兵三进一 卒3进1

黑方挺卒是必走之着，否则红方再挺七路兵成两头蛇阵势，黑方双马受制。值得指出的是，黑方挺3路卒是在红方挺三路兵的前提下才走的。

⑤炮八平七

红方不跳左马而选择平炮七路威胁黑方右马，是1982年全国个人赛中，特级大师李来群创新的攻法。现代布局理论认为，红方不走马八进九而先平七路炮，在次序上有了小小的改动，看似貌不惊人，实则双方布局的走向已经发生了实质性的变化。

⑤…… 士4进5

黑方补士以静制动可谓公认的"官着"。其意图是通过补士来加强中路，又使红方没有冲七路兵的先手。

⑥车九进一

红方仍不跳边马，而是先起横车，仍在变换顺序，是一种较为冷僻的走法。

⑥…… 象3进5

黑方飞象正着。如仍走马3进2，则车二进六，炮2进7，车九平八，马2进1，车八进二，红方占优。

⑦车九平八（图11）

红车曲径通幽，准备弃子抢攻。这种变化最早出现在2021年第四届"溱湖杯"全国象棋女子名人赛，陈丽淳与唐丹的对战中。同年的象甲联赛上，许国义特大对阵谢靖特大时，许国义特大亦使用了这种下法。由于这个变例是许国义与陈丽淳夫妻二人所创，当时在棋界引起不小的波澜。不

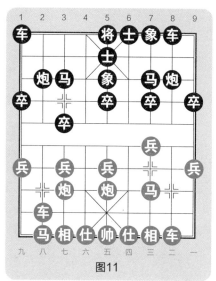

图11

过，许氏夫妻的秘密武器在全国赛上取得的效果都不太理想，陈丽淳当时负于唐丹，而许国义不敌谢靖。也因此，采用这种新变的棋手并不多，直到同年象甲广东黄光颖大师战和武俊强大师后，这个布局重新回到棋手的视野中。在红方构思中，起横车再平八路，是反常规的布局逻辑。其战术用意是，八路马我没有走动，让黑方通过交换来解除，红方虽然行棋有效步数稍亏，但是有兵七进一这个威胁作为补偿，仍持先手。

⑦……　　　　车1平2

黑方出车接受红方弃子的挑战。如炮2进7，则车八退一，车1平4，车二进六！炮8平9，车二平三，车8进2，兵七进一，马3进4，兵七进一，象5进3，仕四进五，红方占优。

⑧兵七进一　炮2进7

进七兵让黑方表态，黑方在这里有两种应法，一种是实战中的先得一子，另一种是炮8进4以后形成各攻一翼的选择，试演一例：炮8进4，兵七进一，炮2进7，车二进一，炮8平7，车八进八，马3退2，车二平八，炮7进3，仕四进五，马2进1，车八退一，炮7平9，双方各攻一翼。实战中赵鑫鑫特大选择先得一子的走法。

⑨车二进一

高车是红方弃子战术中的精华。

⑨……　　　　炮8平9

黑方平炮准备弃还一子，缓解局面压力。

⑩车八进八　马3退2　　　⑪车二平八　马2进1

⑫车八退一　卒3进1

黑方弃还一子后，保留过河卒，取得一定的补偿。

⑬车八进七　马7退9　　　⑭车八退一　车8进4

考虑到双马位置较差，黑方进车巡河，左右策应。

⑮炮五进四　车8平4　　　⑯仕六进五　卒7进1

本轮比赛之前本组的积分形势是郑惟桐特大积7分独自领先，赵鑫鑫特大积5分紧随其后，赵鑫鑫特大唯有取胜才能出线，这样积分形势决定赵鑫鑫特大不能选择局面平稳的下法。放弃进3卒捉炮而走进7卒不给红方炮五平一的机会，就是出于这样的考虑。如卒3进1，则炮七平四，卒3平4，车八平九，车4平3，相七进五，车3平5，炮四进五，马1退3，炮五平一，士5进6，兵五进一，车5进1，炮一进二，局面简化，黑方想赢棋很难。

⑰ 兵三进一　车4平7　　⑱ 马三进四　车7平6

⑲ 马四退二

红方以后可以马二退四再做调整。

⑲ ……　　马9进7　　⑳ 炮五平三　卒1进1

㉑ 炮七平三

红方平炮打马，限制黑方子力出动。在这样的局面下，郑特大的选择是以平稳为主，黑方不主动出击，红方也没有必要主动挑起事端。

㉑ ……　　马7退9　　㉒ 前炮平五

利用打马的机会，红方等于先手把位置不佳的七路炮调到三路上，再平中炮后，红方七路炮隐隐对黑方底线形成牵制，运子构思非常精巧。

㉒ ……　　卒3平4　　㉓ 车八平六　马1退2

红方下一着有帅五平六的威胁，黑方只能忍痛弃卒，退马巩固后防。

㉔ 车六退二　马2进3　　㉕ 炮五退二　炮9进4

㉖ 马二退四　炮9平6（图12）

黑方平炮压马不给红方马四进三跳到相尖的机会，稍显保守，不如车6平4邀兑，车六平七，马3进5，马四进三，炮9平7，相三进五，马5进7，黑方卡住红方进攻线路，双方对峙。

㉗ 车六平七

平车捉马精准，黑马被逼回底线，直至全局结束再也没有冲上来。

㉗ ……　　马3退4

黑马不能马3进5冲上来，否则车七进二，车6退1，炮三进三，此时黑方不能炮6退2拦截，否则炮三平九再炮九进一，红方得子。黑方不能拦截，只能目送红方走出炮三平五的攻击手段，黑棋崩溃。

㉘相三进五

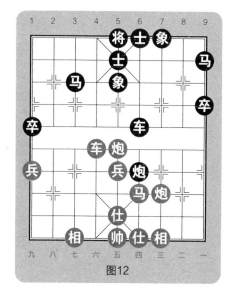

图12

红方飞相攻不忘守，这样在三路炮受攻时可以退到底线，继续对黑方7路象构成威胁。

㉘……　　　　车6平7

㉙炮三退二　车7退1

㉚车七进一　马9进8

㉛车七平二

稳健，放弃车七平九吃卒的机会，顶住黑方反攻的路线，以后可以掩护马四进二的出路。郑特大再次展现出绵密、善于纠缠的棋风。

㉛……　　　　车7平5　　㉜马四进二　马8退6

㉝车二平九　炮6平7　　㉞兵九进一

现在红方利用黑方子力受拴牵，不能放手进攻的机会，挺边兵，准备对黑方进行渗透。

㉞……　　　　象7进9　　㉟仕五进六　车5进1

㊱车九进一　卒9进1　　㊲车九平四　卒9进1

㊳马二退三

红方退马交换，不仅取得兵种上的优势，更主要的是解除黑方7路炮对红马的牵绊。

㊳……　　　　炮7进3　　㊴相五退三　马6退7

㊵相三进五　马4进2　　㊶马三进四　车5平4

㊷车四平五

先进马捉车，再车占中路，红方优势进一步扩大。

㊷……　　　　马2退4　　㊸仕四进五　卒9进1

㊹车五退一　车4进2

黑方如车4平5兑车，则马四进五后，黑方双马都不好动，红方边兵过河参战，胜势。

㊺马四进二　马7进6　　㊻车五进一　马6进7

㊼马二进四　象9退7

黑方退象随手，不如车4退2捉马，逼其交换，以下马四进五，马4进5，炮五进三，士5进4，车五平七，车4平5，盯住红方中兵，战线较长。

㊽车五平三　象7进9　　㊾炮五平六

平炮拦车，巧手。

㊾……　　　　卒9平8　　㊿车三平六　象9退7

(51)车六进二　卒8平7　　(52)炮六平七　车4平3

(53)马四进六

红方闪展腾挪，车马炮已经占据要点，黑方败势。

(53)……　　　　士5进4　　(54)车六退一　士6进5

(55)车六进一　将5平6　　(56)马六退四

黑方认负。

全国象棋甲级联赛第一阶段比赛

2022 年全国象棋男子甲级联赛第一阶段于 7 月 27 日在江苏省泰州市鸣金收兵，深圳中国银行队领跑积分榜，杭州环境集团队王天一以全胜战绩领衔个人得分榜。

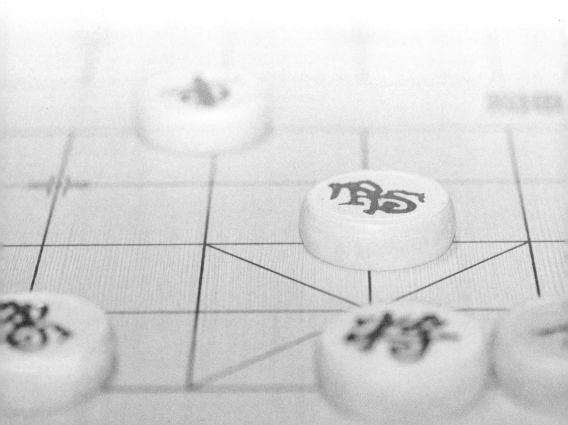

第7局　杭州 王天一 先胜 浙江 黄竹风

【过宫炮对进左马】

①炮二平六

印象中王天一特大先手走过宫炮的时候并不多。

①……　　　马8进7

黑方以起左正马应对过宫炮，意在迅速开出左直车，续有过河炮和三步虎等手段，对红方右翼实施封锁与反击。

②马二进三　车9平8

黑方亮出左直车，是针对过宫炮并控制红方右车出动的下法，准备下一手红方如续走车一平二，则炮8进4升炮封压，以便尽快遏制红车的进攻势头。

③兵七进一

红方进七兵开通左翼子力，右车待机而动，是一种灵活多变的流行走法。

③……　　　卒7进1

黑方对挺7卒，彼此消长，正着。如改走炮2平3，则马八进七，卒3进1，马七进六，卒3进1，马六进四，象3进5，炮六进五，红方得势。

④马八进七　马2进1

黑方进边马均衡出动子力属于开放型下法。

⑤相七进五　炮2平3　　⑥马七进八　车1进1

当前局面下，黑方主要有炮8进3打马和车1进1起横车两种下法。在2019年象甲联赛中，黑龙江刘俊达大师对阵王天一特大时，王特大选择炮8进3的下法，以下兵三进一，卒7进1，相五进三，车1进1，仕六进五，马7进6，黑方主动。正是考虑到王特大对这种变化较为熟悉，黄竹风大师选择车1进1的下法。

⑦仕六进五　车1平4　　⑧兵九进一（图13）

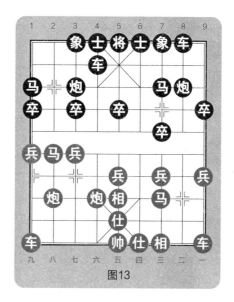

图13

先进边兵是王特大祭出的新着。以往大赛中红方曾出现车九平八的走法，以下卒1进1，车一进一，车8进1，车一平四，车4进5，双方对峙。红方先进边兵控制黑方1路马的同时，伏有车九进三的先手，迫使黑方4路车定位。

⑧……　　　　车4进5

⑨马八进九　炮3退1

黑方认为退炮有利于封锁红方左车，因此也没有选择炮3平5架中炮的变化。

⑩车一进一　车4平2　　⑪炮八退二　炮8进6

进炮封车正着，布局至此黑方已经取得满意局面。步入中局阶段，双方围绕红方双车受困的问题展开一系列的子力调动，成为中局阶段的双方争夺的焦点。

⑫炮八平六　象7进5

黑方飞象是一步不明显地缓着，引发的后果是让红方九路车走出困境。此时应炮3平1，兵九进一，马1退3，继续在边线进行牵制。

⑬兵九进一　炮3平1　　⑭车九进四　士6进5

黑方如再走马1退3，则兵七进一，卒3进1，车九平六，红方主动。

⑮兵七进一　卒3进1　　⑯马九进七　炮1退1

黑方退炮保持牵制，如车2退4捉马，则马七退六，红方借机调整马位并窥视马六进四的机会。反观黑方2路车和1路马、炮位置壅塞，有违棋理。

⑰马七退六　卒5进1　　⑱兵三进一　卒7进1

⑲车九平三　马7进5（图14）

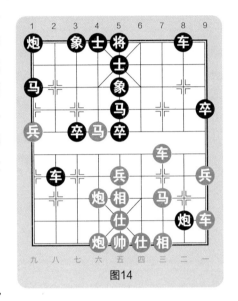

图14

严格地讲，黑方跳中马是一个盲点，过多考虑以后可以马5进7跳到象尖位置。正是这着棋让黑方棋形被割裂开，被红方利用。黑方宜走马7进6，车三平四，车8进4，兵五进一，卒5进1，车四平五，炮8退2，马六进四，车8平7，黑方应对得当，红方优势不大。

⑳车三进二　马5进7

㉑兵九进一

借先手捉马之机，红方为九路兵参与进攻创造条件。

㉑……　　　马1退2　　　㉒相五进三

飞相拦马的同时，腾挪出炮镇中路的位置。

㉒……　　　卒9进1　　　㉓炮六平五　车2平4

黑方只能平肋车捉马试探红方应手。如卒5进1，则马六进四，炮1进1，炮六进八，红方大优。

㉔炮五进三

红方弃马抢攻，精彩。

㉔……　　　炮8退4

黑方如车4退2，则车一平二，车4平5，车二进八，士5退6，炮六平七，马7退5，车三平四，士4进5，马三进四，红方大优。

㉕车一平二　将5平6　㉖车二进四

黑方认负。

第8局　厦门 郑一泓 先负 浙江 赵鑫鑫

【仙人指路转右中炮对卒底炮】

①兵七进一　炮2平3　②炮八平五　炮8平5

黑方以列手炮应战，针锋相对。如改走马8进7或象3进5，则马八进七，红方出子效率更高。这也是后手方应对左中炮与右中炮的区别所在。

③马八进七　马8进7　④马二进一　车9平8

⑤车一平二　马2进1　⑥车九平八

红方先抢直车，正着。如改走炮二进四，则士4进5，车九平八，卒3进1，马七进六，卒3进1，马六进五，马7进5，炮五进四，车1平2，车八进九，炮3进7，仕六进五，马1退2，车二进四，卒3进1，黑方易走。

⑥……　　卒3进1　⑦兵七进一　车8进4

⑧兵七平八

红方如改走车八进五，则卒1进1，车八平九，炮3退1，车九退一，车8平3，马七退九，车1平2，黑优。

⑧……　　卒1进1

黑方通过弃卒开通子力，获得了攻势。

⑨兵八进一　车8平3

⑩兵八进一（图15）

当前局面下，红方有兵八进一对攻和马七进六避捉两种选择。在以往的对局中，郑特大选择马七进六的时候比较多。不过在2020年第9届碧桂园杯全国象棋冠军邀请赛上，赵鑫鑫与徐超两位全国冠军的快棋对决中，徐特大创造性地走炮5进4来应对马七进六，以下仕六进五，象3进5，兵八进一，车1平2，相七进

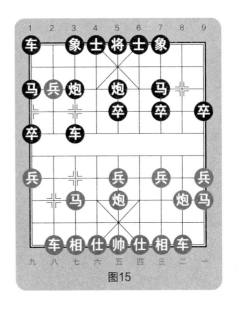

图15

九，马1进2，兵八平七，马2进3，炮二平三，车2进5，车二进四，士6进5，黑方弃子有攻势。随后的一年中，黑方对此变例又有改进，即炮打中兵后，黑方不再走象3进5，则是选择车1进1更加明快的走法，以下兵八进一，车1平4，马六退八，车3平4，马八退六，炮3平4，黑方更加积极，布局满意。基于上述的考虑，郑特大在实战中选择了更有挑战性的兵八进一的下法。

⑩……　　　炮3进5　　⑪炮二平七　车3进3

⑫车二进六　炮5进4　　⑬仕四进五　象3进5

⑭兵八平九

这一回合红方是先走车二平三还是兵八平九在实战中均有出现。先走车二平三双方可能演变成的变化是：车二平三，炮5平3，相七进九，车3平1，兵八平九，炮3退4，前兵平八，前车平2，兵八平七，车2进2，车三进一，形成红方车、马、炮、四个兵单缺相对黑方双车3个卒士象全残局。

⑭……　　　炮5平3　　⑮相七进九　车1进2

高车吃兵要比车3平1吃相效率更高。如车3平1，则车八平七，炮3平2，车二平三，后车平2，车三进一，炮2进3，车三进二，

车 1 平 5，车三平四，将 5 平 6，相三进五，在双方兵卒数量较多的情况下，黑方士象残缺，显然红方优势更大。

⑯车二平三　炮 3 退 4　　⑰兵一进一　卒 1 进 1

黑方进卒紧凑。赵鑫鑫特大在以上几个回合中，虽然没有走什么复杂的战术手段，但是每着棋都能让人感到一种犀利的"刺痛感"。

⑱马一进二

不能兵九进一，否则车 1 进 3 后，红方马一进二的路线被切断。

⑱……　　　　车 1 进 2　　⑲马二退四

还是不能兵九进一，黑方有车 1 平 8，马二退三，车 3 平 1 吃相的手段，红方八路车被黑炮影响，刚刚跳上去的二路马又被逼回，红方损失更大。

⑲……　　　　车 3 平 1　　⑳马四退六　前车退 1

㉑马六进七

红方连续运马，为简化局面创造条件。

㉑……　　　　卒 1 平 2　　㉒马七进八　前车进 3

㉓马八进六　将 5 进 1　　㉔车三进一　将 5 平 4

㉕车八平九　车 1 进 5　　㉖帅五平四　将 4 进 1

双方经过一番子力交换以后，黑方取得略优局面。

㉗车三退三　将 4 退 1　　㉘车三平八　炮 3 进 7

㉙帅四进一　士 4 进 5

冷静，黑方不能走炮 3 平 7，否则车八进四，将 4 进 1，车八退二，将 4 退 1，车八平五吃掉黑方中卒，红方反夺先机。

㉚车八平五　炮 3 退 1　　㉛帅四退一　车 1 退 3

㉜车五进二　车 1 平 7　　㉝车五平六　士 5 进 4

㉞仕五进四　车 7 进 3　　㉟帅四进一　车 7 退 1

㊱帅四退一　炮 3 进 1　　㊲仕六进五　车 7 进 1

㊳帅四进一　炮 3 退 5

黑方连续运用车炮威胁作杀，目的就是为了以后能保留 9 路边卒，白吃掉红方一路兵。

㉟仕五进六（图16）

支仕看似是一步微小的失误，却足以致命。红方正确的选择是仕五退六，这样肋车可以给九宫更多的支援。以下车7退1，帅四退一，车7退3，车六平一，炮3平6，仕四退五，车7平6，帅四平五，炮6平5，车一进二，士6进5，车一退二，红方谋卒后，足可抗衡。

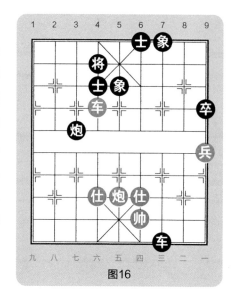

图16

㉟……　　　车7退4

㊵炮五进三

如车六平一，则车7平5，帅四平五，炮3进3，车一平四，车5进2，帅五平六，车5退3，黑方得子胜势。

㊵……　　　车7平9　　㊶车六平四　卒9进1

被黑方吃掉红兵，红方就显得尴尬了。以下的实战，我们可以学习到赵特大精准的残局运子技术。

㊷车四进三　车9平5　　㊸炮五平六　士4退5

㊹车四退三　车5平4　　㊺炮六平二　车4进2

红方再失一仕，黑卒的作用剧增。

㊻炮二进三　将4退1　　㊼车四退一　卒9进1

㊽车四退一　卒9进1　　㊾车四退一　卒9进1

㊿炮二进一　象7进9　　51仕四退五　车4平8

52炮二平一　象9进7　　53车四平一

红方即便车四退一也于事无补，黑方可车8进1，帅四退一，车8进1，帅四进一，卒9平8，以后再炮3退3、士5进6等一系列手段，配合车、卒摆脱牵制，继而再攻击红帅。

53……　　　车8进1　　54帅四退一　车8进1

55帅四进一　卒9平8　　56车一平六　士5进4

(57) 车六平二　车8平9　　(58) 炮一平二　卒8平7

(59) 仕五进六　车9退1　　(60) 帅四退一　卒7平6

(61) 帅四平五　卒6平5　　(62) 帅五平四　卒5平4

黑卒破仕以后，红方已无力抵抗。

(63) 车二平六　卒4进1　　(64) 炮二退三　车9进1

红方认负。

第9局　山东 谢岿 先负 四川 郑惟桐

【仙人指路转左中炮对卒底炮飞右象】

①兵七进一　炮2平3　　②炮二平五　象7进5

从战略上讲，飞左象与飞右象如出一辙，异曲同工，均有柔中带刚的特点，但在战术运用上却同中有异，各有所长。当今布局理论认为，黑方飞左象容易引起激烈的对攻。

③马八进九

黑方补左象后，阵形以及防守反击的路线都将发生转变，这就要求红方的出子方式相应地做出调整，若再以应对象3进5飞右象的套路来布局就不合时宜了。例如此时红方仍刻板地走马二进三，则卒3进1，马八进九，卒3进1，车一平二，马2进1，接下来黑方左马可以拐角，阵型颇为协调。基于此，红方马八进九迅速出动左翼子力，是正确的选择。

③……　　　马2进1

黑方先跳右边马，意在加快右翼出子的速度。

④ 车九平八

红方先出左直车，意在掌握左翼出击的主动权。

④……　　　　　卒1进1　　　⑤马二进三

红方进正马是攻守兼备之着，它将布局引向更为复杂多变的形势。

⑤……　　　　　车1进1

高右横车是黑方左象布局阶段的要着，意在准备抢占肋道，实施反击。

⑥车一平二　　车1平4　　　⑦炮五进四　　士6进5

⑧仕六进五

支仕是早期最流行的变例，红方意图是通过支仕为八路炮提供一个稳定的落点，限制黑方4路车效率的同时，腾挪出左车的路线。近年红棋又有炮八进五的走法，以下车4进3，炮五退二，马8进6，车八进六，马6进5，兵三进一，马5进4，车二进六，车9平6，双方对攻的新变化，考虑到郑惟桐特大的超强攻击力，红方仍以稳健为主，选择仕六进五的变化。

⑧……　　　　　车4进3　　　⑨炮八平六　　马8进6

⑩炮五退二　车9平8（图17）

黑方出左车是一路相对稳健的选择，以后通过炮8平7兑车削弱红方右翼的进攻力量，黑方就可以把巡河车的左右策应作用最大程度地发挥出来。在2017年"李白故里杯"全国象棋公开赛，江苏程鸣特级大师对战浙江赵鑫鑫特级大师时，赵特大走出马1进2的飞刀，红方续走相七进五，车9平8，车二进四，炮3平2，车八平六，马2进1，马九退七，

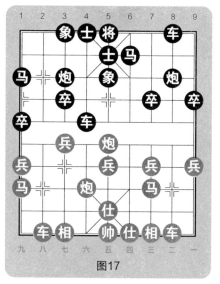

图17

炮8平7，车二平四，马6进8，车四平二，炮7进4，这个局面下双方都很难迅速简化局面，双方对抢先手。

⑪相七进五　炮8平7　　⑫车二进九　马6退8

兑车以后，双方布局阶段告一段落，黑方取得均势局面。常看象棋比赛的棋友应该都知道，郑惟桐特大在布局上是强项，尤其飞刀的变化更是变幻莫测，只要郑特大布局获利，对手就很难动摇其优势。

⑬兵三进一　马8进6　　⑭车八进三

红方进车坚守，不求有"攻"，但求无过。

⑭……　　　卒7进1　　⑮兵三进一　车4平7

⑯马三进二　车7平8　　⑰马二退三　马6进5

⑱炮五平三

红方平炮限制黑方马5进7的同时不让黑方抢到炮7进4的先手，但是从实战进程来看这是一步缓着。红方应兵九进一，炮7进4，车八进三，卒1进1，炮五平九，炮3进3，兵五进一，马5进3，马三进五，炮3平4，炮九平七，黑方子力被顶住，双方仍是对峙的局面。

⑱……　　　车8进3

黑方进车捉马是正确的选择。如马5进7，则马三进四，炮7进3，相五进三，炮3进3，相三退五，车8进1，马四退三，车8进2，以后红方可以马九进七，黑方不利。也许临场谢岿大师考虑的是黑方的这个变化，却忽略了郑特大还有更为简明的攻击计划。

⑲马三进四　炮7进7　　⑳相五退三　马5进6

黑方抓住红方的弱点，利用交换战术谋得一相。这时我们不难看出红方子力位置的尴尬之处。

㉑兵五进一　车8平7　　㉒炮三平二　车7进2

㉓车八平四

为了限制黑方6路马，红方又付出一个相的代价，在郑特大的蚕食下，红方疲于应付。

㉓……　　　马6退8　　㉔兵五进一　车7退4

㉕炮二退二　炮 3 进 3　　㉖车四平五

占中车是红方最顽强的防守手段，破坏了黑方炮 3 平 5 占中炮的意图，黑方如一意孤行仍要走炮 3 平 5，则马九进七，炮 5 平 4，兵五进一，红方有透松局面的机会。

㉖……　　　马 1 进 2　　㉗兵五进一　马 2 进 4

㉘兵五进一　象 3 进 5　　㉙车五进四　车 7 进 2

红方一兵换双象的计划在郑特大的意料之中，当前局面红方双炮位置不佳，只要控制住红方后续对中路的攻击，黑方仍可以高枕无忧。

㉚炮二退一　车 7 平 5

黑方已经确立起足够取胜的物质优势，逼兑红车是扩大优势的好棋。

㉛车五退五（图 18）

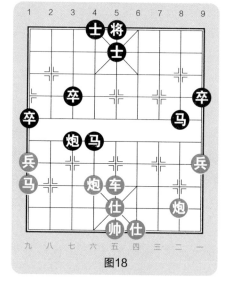

图18

红方只能接受兑车，如车五平二，则马 4 进 6，炮六退一，炮 3 平 7，炮二平三，马 8 退 6，车二退四，前马进 7，炮六平三，车 5 平 1，黑方得子占势，红方败局已定。

㉛……　　　马 4 进 5

㉜马九进七　马 5 进 7

㉝帅五平六　炮 3 平 4

㉞炮六平八　士 5 进 6

黑方扬士解杀兼有发挥以将助攻的作用，好棋。

㉟炮八退一　马 7 退 6　　㊱帅六平五　马 8 进 9

㊲炮二平一　炮 4 平 8　　㊳炮一平二　马 6 进 4

㊴帅五平六

红方如炮八平六，则马 9 进 8，帅五平六，马 4 进 2，马七退八，马8退9，炮六平七，炮8进4，帅六进一，炮8退1，黑方先弃后取，胜定。

　㊴……　　　炮8平4　　㊵炮八平六　　马4进2

红方认负。

第10局　四川 郑惟桐 先胜 厦门 刘子健

【对兵局】

①兵七进一　卒7进1　　②马二进一

跳边马避开卒7进1的制约保留炮二平三兵底炮的机会。这是郑惟桐特大喜欢的布局套路之一。在2019年合力杯第19届亚洲象棋个人锦标赛第6轮，郑惟桐对阵当时代表菲律宾队出战的刘子健大师时，红方即采用马二进一的下法，当时郑惟桐特大获胜，而后在2020全国象棋团体赛上，两人再度操练这一布局，双方战成和棋。这盘棋是两人第三次相遇，郑特大又祭出这一布局，求胜的意志可见一斑。

②……　　　马8进7　　③炮二平三

待黑方7路马定位后，红方再走兵底炮，针对性更强。

③……　　　象3进5

黑方飞右象，可使右马的开出方式更加灵活多变。

④车一平二　车9平8　　⑤车二进四

红车巡河稳步推进，可免受压制。如改走炮八平五，则炮8进4，马八进七，炮2平4，车九平八，马2进3，此时，局面已转变成中炮对反宫马互进三兵（卒）的阵势。双方则另有一番攻守。

⑤……　　　　　炮2进2

黑方炮2进2后伏有马7进8打车的先手，迫使红车定位。如直接走炮8平9，红方很有可能车二平四或车二平六避兑，接下来双方的争斗就复杂得多。

⑥车二进二　炮8平9　　⑦车二进三

红方接受兑车是正确的选择。上一着黑方平炮邀兑时，有一个弃马抢攻的变化暗藏其中。即车二平三，车8进2，炮八平四，马2进3，炮四进五，车8进5，炮四平七，车8平7，炮七平三，车7进2，车三平五，炮2平1，马八进九，车7退2，马一退二，车7平8，马二进四，车8平6，马四退二，炮9进4，黑方弃子有攻势。

⑦……　　　　　马7退8　　⑧马八进七　马2进3

⑨车九进一　炮2平5　　⑩相三进五　车1平2

⑪马七进六　炮9进4

双方行棋至此，布局战斗基本结束，做一个简单的形势判断，可以得出双方大体均势的结论。

⑫车九平四　车2进6（图19）

这步进车似先实后。黑方本意是加强对红方兵林线的控制，以后可以利用兵林车来获取更多的空间优势。伏有炮9平5，仕四进五，前炮平1，兵七进一，车2平4，马六进八，炮5平2，兵七平八，卒5进1，黑方前途光明。但是这着棋的先后次序出现了问题，黑方此时不走炮9平5，红方显然不会再给黑方这样的机会，下一着兵五进一让黑方非常尴尬。此时，黑方正确的选择

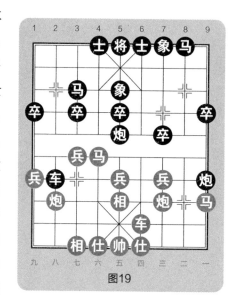

图19

是先走炮9平5，仕四进五，后炮平4先顶住红马，以下红方如续走车四进二，则炮5退1，炮八平七，卒5进1，马一进二，马3进5，马二进三，卒3进1，兵七进一，马5进3，双方对峙，各有千秋。

⑬兵五进一　炮5平4　⑭兵七进一

黑方的兵林车不仅没有发挥作用，反而被红方利用，局面由此落入下风。

⑭……　　车2平4　⑮兵七平六　车4退1

⑯车四进七

兵林线上争夺结束，红方已经彻底无碍，没有后顾之忧的郑特大，现在专心攻击黑方弱子。

⑯……　　马8进7

黑方进正马极为勉强，可以考虑马8进9更朴实一些。

⑰炮八平七　马3退5　⑱兵五进一　卒5进1

⑲兵六平五　车4平5

如果此时黑方7路马在9路（第16回合走马8进9），即可马9进7反击，以下车四退二，马7进9，以后再马5退3调形，如果按此演变，虽然黑棋仍处于被动状态，但是局面存在太多的不确定因素，红方想赢下这盘棋也不是那么容易。

⑳兵五平六　马5退3

㉑兵三进一

红方再次借用黑方7路马位置稍差的弱点，冲起三路兵发动进攻。

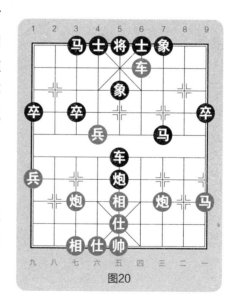

图20

㉑……　　马7进5

㉒兵三进一　炮9平5　㉓仕四进五　马5进7（图20）

黑方7路底象的弱点是非常致命的，现在黑方用马吃兵也是无奈的选择，如马3进2，则炮三进七，士6进5，炮三退三，马5进7，马一进三，车5平8，车四退三，黑方依旧不利。

㉔马一进三　马7退8　㉕车四平二　车5平8

㉖炮三退二　车8进4　㉗炮三平四　炮5平3

黑方车、炮、双马四个子中有三子被牵，深陷泥潭不能自拔。

㉘马三进五　炮3平9　㉙马五进六　士6进5

㉚马六进七　将5平6　㉛相五退三

红方退相后大局已定，黑方已经没有实现逆转的机会了。

㉛……　　　炮9平5　㉜仕五进四

黑方认负。

第11局　京冀联队 蒋川 先胜 上海 赵玮

【对兵互进右马局】

①兵七进一　卒7进1　②马八进七　马8进7

③相三进五

上海队的赵玮大师近年来成长迅速，虽未晋升特级大师但早已有了特级大师的实力。从近年与蒋川特大交锋战绩来看，赵玮大师不落下风。这盘棋蒋川的布局"稳"字当头，有意与赵玮大师较量中残局的功力。

③……　　　象3进5　④马七进六　车9进1

⑤炮八平六

平炮以后形成马前炮后的局部最佳结构，封闭一侧肋线，贯彻稳健的布局意图。

⑤……　　　马2进1　　⑥兵九进一

进边兵不仅仅起到控制黑方边马的作用，更深层的意义在于向黑方表明红方随时有可能在左翼开辟出一个战场。

⑥……　　　车1平2　　⑦仕四进五

红方补仕谋求右翼子力的开展，有开辟第二战场的态度。从某种程度上充分体现了蒋川特级大师开阔的视野和灵活的思路。

⑦……　　　炮2进3（图21）

显然黑方不希望两翼同时受到红方袭扰。如车9平6占据左肋线，红方不一定会马二进三按部就班出动右翼子力，而是有可能兵九进一左翼抢先下手，以下卒1进1，车九进五，炮2进3，马六退七，马7进6，马二进一，红方逐步活通右翼子力后，存在着更多的变数，黑方不利。实战选择进炮打马，即使不能过多限制红方左翼子力的开展，但至少可以把局面的焦点留在红方的左翼。

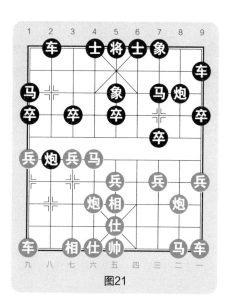

图21

⑧马六退七　马7进6　　⑨兵九进一　卒1进1

⑩车九进五　马6进7　　⑪炮二平三

此时摆在蒋川特大面前有两种攻法，一是实战中选择的平炮拦马；另一种是马七进八，车2进5，炮六进一打马，逼迫黑方马7进5换相，先捞实惠的下法。到底是哪个方案更好，主要看蒋川特大临场对局面的综合判断。

⑪……　　　炮2进1　　⑫马二进四　车2进4

兑车稳健，黑方如车9平6，则马四进三，炮2平7，车一平二，炮8平7，马七进六，红方子力更加灵活，优势进一步扩大。

⑬ 车九平八　马1进2　　　⑭ 马四进三　炮2平7

⑮ 车一平二　炮8平7　　　⑯ 车二进六　炮7进1

⑰ 炮六退一

现在不难看出蒋川特大为什么要选择平炮拦马的方案了，主要意义在于用车牵制黑方左翼的子力，准备实施一个声东击西的计划。

⑰ ……　　　车9平4　　　⑱ 炮六平九　士4进5

⑲ 炮九进五　马2退3　　　⑳ 炮九退二

实战中红方运炮的思路是非常值得借鉴的。利用一个顿挫战术把黑方位置较好的河口马变成了位置较差的3路马。

⑳ ……　　　车4进3　　　㉑ 车二平一　卒3进1

㉒ 车一退二　马3进1　　　㉓ 炮九退三　车4进2

黑方进车打入红方阵地，遏制红方即将组建起来的攻势。

㉔ 炮九平七　卒3进1　　　㉕ 车一平七　车4平2

㉖ 兵一进一

红方的边兵位置最差，但是在僵持中可以做为一支奇兵，进攻的速度虽然不快，不过每进一步对黑方来讲都是不小的威慑。

㉖ ……　　　马1进3

㉗ 马七进六　车2平5

㉘ 炮七进四　象5进3

㉙ 马六进四　车5平4

㉚ 车七进一（图22）

红方进车破象后等于把黑方防线撕开一个缺口，虽然尚无法立即组织起快速的进攻，至少可以让赵玮大师对后防有所顾忌。

㉚ ……　　　后炮平8

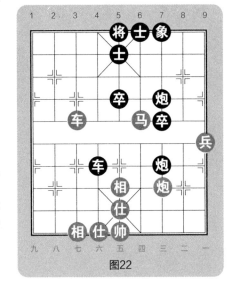

图22

㉛ 兵一进一　炮8进6　　㉜ 车七进四　士5退4
㉝ 车七退三　卒5进1　　㉞ 兵一平二　炮7平9
㉟ 车七平一　炮8平9　　㊱ 车一平二　车4平8
㊲ 炮三进七　士6进5　　㊳ 仕五进六

随着红方轻松的扬仕，解除黑方车炮抽吃的威胁，红方已确立优势。

㊳ ……　　　前炮平8　　㊴ 车二平一　炮8平9
㊵ 车一平二　炮9平8　　㊶ 车二平一　炮8平9
㊷ 炮三平二　车8进3　　㊸ 帅五进一　前炮退6
㊹ 炮二退九

兑车以后黑方双炮双卒对红方毫无压力，红方可以从容放手一搏。

㊹ ……　　　后炮平2　　㊺ 马四进三　炮2进1
㊻ 帅五平四　炮9平7　　㊼ 马三进二　卒7进1
㊽ 炮二平一　炮7平9　　㊾ 马二退一　卒7平6
㊿ 炮一平五　将5平6

黑方如卒5进1，则马一进三，将5平6，炮五进四，黑卒同样保不住。

(51) 炮五进五　炮9平4　　(52) 帅四退一　炮4进3
(53) 兵二进一　炮2退1　　(54) 马一退三

黑方认负。

第八届"温岭杯"全国象棋国手赛

第八届"温岭杯"全国象棋国手赛于 2022 年 9 月 24 日至 27 日在浙江省温岭市石塘镇举行，参赛选手资格是按照中国象棋协会公布的 2022 年 6 月 1 日截止期男子棋手慢棋等级分排名列前的 15 名棋手和东道主推荐的国家大师（含）以上棋手 1 名，共计 16 名棋手参加。

王天一、蒋川、汪洋、洪智、赵鑫鑫、郝继超、申鹏、黄竹风、赵金成、陆伟韬、孙勇征、许国义、程鸣、武俊强、徐崇峰、王家瑞，16 名象棋特级大师（大师）参加本届比赛。

赛事执行《象棋竞赛规则（2020）》计算等级分。采用两局制双败淘汰制。比赛用时每方基本用时 30 分钟，每走一步加 10 秒。加赛用时：①快棋，每方基本用时 10 分钟，每走一步加 5 秒；②附加赛，基本用时红方 6 分钟、黑方 4 分钟，每走一步加 3 秒。

最终赵鑫鑫挟主场之利不败夺魁并独揽 15 万元大奖，孙勇征获亚军，汪洋获季军，洪智、赵金成并列第四。

第 12 局　上海 孙勇征 先胜 北京 蒋川

【中炮七路马对屏风马】

①炮二平五　　马8进7　　②马二进三　　车9平8

③车一平二　　马2进3　　④兵七进一

出于对冠军的渴望，孙勇征选择了激烈的进七兵的变化，准备与蒋川特级大师进行战斗。

④……　　　卒7进1　　⑤马八进七　　炮2进4

双方心照不宣，以中炮七路马对屏风马起局，现蒋川特大右炮过河，力图制造复杂态势，求战之决心跃然枰上。另一常见着法是象3进5，车二进六，炮8平9，车二平三，车8进2，车九进一，士4进5，可避开流行的双炮过河阵势。

⑥兵五进一

红方冲中兵展开攻势，并防止黑方平炮打兵。

⑥……　　　炮8进4

至此形成"屏风马双炮过河"的布局定式。此布局早在20世纪50年代初期即开始流行，在2007年全国个人赛上，该布局的出现次数也较多。黑方"双炮过河"的战术作用是控制红棋的上二路兵行线，用"担子炮"组成一条坚实的攻防阵线，是一种比较复杂而积极的反击战术。

⑦车九进一（图23）

对红方来说，打通兵林线，解除黑方双炮的封锁应属当务之急。

如果贪图局部利益而走兵五进一，则士4进5，兵五平六，象3进5，黑方中路防守得到巩固后，出子速度领先，这一对攻局面可以说是利弊参半，风险与机会共存。

⑦……　　　　炮2平3

黑方平炮打相，制造对攻机会，是对以往象3进5缓慢、消极应着的改进着法。

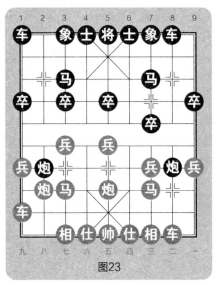

图23

⑧相七进九　车1平2

⑨车九平六

红方平车占肋道后，伏有车六进六及兵三进一的双重手段，对黑方是个考验。

⑨……　　　　车2进6

黑方面对红方进车捉双马的凶着，毅然进车兵林线，乃是设下弃马陷车的陷阱，以达到争先的目的。

⑩车六进六

红方接受黑方弃子，局面顿现刀光剑影。

⑩……　　　　象7进5

黑方飞左象，压缩红车活动范围，势所必然。

⑪车六平七　士6进5

形成红方多子，黑方占势的两分局面。

⑫仕四进五

红方支仕可避免黑方退左炮攻击底相。

⑫……　　　　炮8退1

黑方退炮打兵，手段巧妙，是弃马后的有力后续手段。

⑬兵三进一

正着。红方如误走兵五进一，则卒5进1，马三进五，卒5进1，炮五进二，车2进1，黑方得回失子占优。

⑬……　　　卒7进1

针对红方上右仕，黑方先手冲卒过河，着法犀利。

⑭马三进二

红方以马换炮，消除它对过河车的威胁。如改走马三进五，则卒7平6，黑方得势。

⑭……　　　车8进5

黑方用车吃马比较简明，避开两翼作战的纠缠局面，同时为右翼子力左移攻击红方的右翼提供机会。

⑮车二进四　卒7平8　　⑯炮八退二

如何快速解决子力位置不畅通的问题，是红方当前局面下的主要矛盾。退炮以后准备炮八平七兑炮，再车七退一活车，是红方当前局面下的构思。

⑯……　　　炮3平8

兑车的后续手段，准备攻击红方防守相对薄弱的右翼。

⑰兵五进一

红方续进中兵的构思精巧。黑方不得不理，如炮8进3，则相三进一，车2平7，仕五进四，红方中兵正好卡住黑方马7进6的位置，而且黑马又受到中炮的牵制，不得不续走马7进8，则炮五进四，红方立占优势。红方仕五进四后黑方如续走车7平3，则马七退五，车3平2，炮八平七，车2平5，炮五平六，卒5进1，炮七进六，红方充分利用多子的优势展开攻击，黑方难应。

⑰……　　　卒5进1　　⑱炮五进五

红方弃还一子，并且以此打开局面。

⑱……　　　象3进5　　⑲车七平五　车2进3

⑳车五平三

红方不能马七退八，否则炮8平5抽车，黑方占优。

⑳……　　　车2退5　　㉑帅五平四　士5退6

㉒马七进六　士4进5　　㉓马六进七

至此，双方进入残局争夺。黑方多两个通路卒，红方多双相，双方互有顾忌。

㉓ ……　　　卒 5 进 1　　　㉔ 车三退四　　车 2 平 4

㉕ 马七进五　　车 4 退 2　　　㉖ 马五进三　　将 5 平 4

㉗ 兵七进一　　卒 5 平 6　　　㉘ 兵七进一　　卒 6 平 7（图 24）

可能临场黑方认为炮在兵林线保留车 4 平 6，帅四平五，此时 8 路炮对红车有牵制，让红车不能顺利底线叫将组织攻势，所以迟迟没有沉底炮。卒 6 平 7 以后，黑方双卒联手虽然增加防御能力，但是黑炮位置实在欠佳。黑方可以考虑先走炮 8 进 3 解除 8 路卒的防守负担，以下相三进五，炮 8 平 9，利用底炮的牵制力，红方也不好放手进攻，黑方足可抗衡。

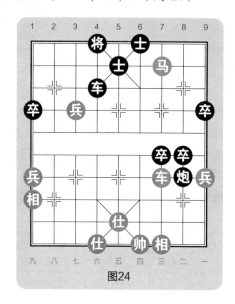

图24

㉙ 车三平五　　车 4 平 6

㉚ 帅四平五　　车 6 退 1　　　㉛ 车五平八

弃马抢攻，虚晃一枪，迫使黑车离开对红马的纠缠，由此打破双方之前维系的平衡。

㉛ ……　　　车 6 进 1

黑方如车 6 平 7 吃马，则车八进六，将 4 进 1，兵七进一，士 5 进 6，车八退一，将 4 退 1，车八平三，黑方丢车。

㉜ 车八平五　　车 6 退 1　　　㉝ 车五平八　　车 6 进 1

㉞ 车八平六　　车 6 平 4　　　㉟ 车六平五　　卒 7 平 6

㊱ 相三进五　　炮 8 进 3　　　㊲ 马三退五　　将 4 平 5

黑将平中正确。上一着红方退马伏有兵七进一的进攻手段，黑车只能被迫砍马。

㊳ 马五进三　　将 5 平 4　　　㊴ 马三退五　　将 4 平 5

㊵ 车五进三

红方进车好棋，利用中车作为马、兵的纽带，协调子力进攻。

㊵…… 卒6进1 ㊶兵七平六 车4平3

㊷车五退一 卒8进1 ㊸兵一进一 卒8进1

临场蒋特大看到孙特大用时不到30秒，时间压力较大，于是想利用红方考虑时间不足的弱点，谋求进攻。

㊹兵六平五 车3平4 ㊺车五平七 将5平4

㊻马五退三 车4平7 ㊼车七进四 将4进1

㊽车七退一 将4退1 ㊾车七进一 将4进1

㊿马三进五

黑方无子可抽，红方进中马后，胜利在望。

㊿…… 车7进7 (51)仕五退四 车7退6

(52)仕四进五 车7进6 (53)仕五退四 车7退5

(54)仕四进五 将4进1 (55)车七退三 将4退1

(56)车七平九

红方顺手牵羊，黑方已经是回天乏术。

(56)…… 士5退4 (57)车九进二 将4进1

(58)车九退一 将4退1 (59)车九进一 将4进1

(60)马五进四

黑方认负。

第13局 黑龙江 郝继超 先负 杭州 王天一

【仙人指路对卒底炮】

①兵七进一 炮2平3 ②马八进七 卒3进1

③马七进六

红方快进左正马，是攻击性很强的一种布局选择，双方在开局阶段即形成短兵相接之势，或引导局面快速定形或进行子力交换形成局面简化。

③……　　　卒3进1　　④马六进五　象7进5

行棋至此，我们可以算一下账，四步棋中红方走了三步马，附带价值上吃掉黑方一个中卒；不过红方亏的地方是，黑方不仅保留了3路的过河卒，同时走动左象和2路炮，保留马8进6的先手。整体来看，红方的收获不大。

⑤马二进三　　马2进1　　⑥马五进七　炮8平3

红方中马在不涉及被捉、受牵的情况下主动换炮，为黑方左右两翼阵形留下充分的调形余地，气势上就落入下风了。

⑦炮八平七　　卒3平4　　⑧兵三进一　车1平2

⑨车一进一　　马8进7　　⑩马三进四　车9平8

⑪炮二平五　　车8进4　　⑫车一平六

红方担心先走马四进三黑方有炮3平4的封锁手段，于是主动发力先手捉卒，争先之着。

⑫……　　　车8平6　　⑬车六进三　马1进3

黑方放弃过河卒，就是为了抢到马1进3这着棋。王天一特大不断考验对手，想方设法给对手施压，迫使对手犯错的中局风格得以充分体现。

⑭车六进二　　马3进1　　⑮马四进六　马1进2

⑯帅五进一

上帅机警，红方棋形虽然有些薄弱，但是子力占据防守要道，所以暂时无碍。

⑯……　　　士6进5　　⑰车九平八　车6平8

⑱炮七进七

红方弃炮打象好棋，坚守半盘之久，郝继超特大终于等到摆脱困局的机会。

⑱……　　　象5退3

⑲帅五平六

弃炮打象的后续手段，对黑方施加了很大的压力。

⑲……　　　将5平6

⑳车六平四（图25）

在黑方被迫出将的前提下，再平车打将让黑炮顺势调到位置更好的士角上，红方付出落入后手的代价。红方严谨的行棋次序是先走马六进八，以下车8平2，车六平四，炮3平6，炮五平四，

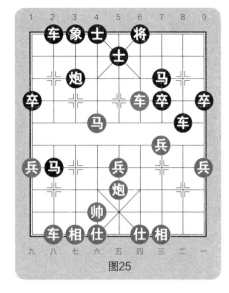

图25

后车进1，炮四进一，卒7进1，车八进三，前车进2，炮四平八，车2平4，帅六平五，红方得回失子，如果这样演变下来，红方子力位置活跃，整体的攻击力更强。

⑳……　　　炮3平6　　　㉑马六进八

先将军再进马，红方失去炮五平四的连续手段。原来红方有连续进攻的机会，变成红方被迫逃子，可见红方这一失误的严重性。

㉑……　　　马2退4

退马要着，红方再走炮五平四，黑方可以车8平6逼兑，红方攻势顿时被瓦解。

㉒兵五进一　马4进5　　　㉓相三进五　车2进2

㉔车八进三　卒7进1　　　㉕车四平三　卒7进1

上一着黑方兑7卒时已经做好弃马抢攻的准备。

㉖帅六平五

黑方马、卒俱在车口，红车却哪个都不能吃！如车三进一吃马，则车8进4，仕六进五，炮6进6，帅六退一，车2平7吃车；如车三退二吃卒，则车8退1，仕六进五，马7退9，车三进四，车8平4，仕五进六，车2进1，车八进三，车4平2，车三平一，炮6平4，

帅六平五，车2平5，转换成车炮卒单缺象对车兵仕相全残局，红方仍是败势。

㉖……　　　炮6退1　　㉗车八平四　车8平2

㉘车四进三　卒7平6　　㉙兵五进一

红方弃掉中兵解决八路马受困的问题。

㉙……　　　前车平5　　㉚马八退七　车5平4

㉛帅五退一　卒6平5

一番争斗后，黑卒终于安全。

㉜仕四进五　车4平3　　㉝车三退二　车2平5

㉞车四平一　将6平5　　㉟车一进一　马7进6（图26）

黑方常见的构思是车3退2，车三进二，马7进5，车一平五，车3平5，马七进六，卒5进1，黑方中卒得以保留。就技术而言，黑方进马接受交换可能吃了一些小亏，但是更能体现出王天一特大在本局的战略思想：绝对不打无把握之仗。

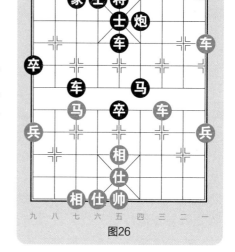

图26

㊱车一平五　象3进5

㊲车三平五　马6退4

㊳车五平六　马4退6

㊴车六进二　车3平8

㊵仕五退四　车8退1　　㊶车六平二　马6进8

双方局面转换后进入残局阶段，黑方1路卒是保不住的，下一步双方必然形成红方马兵仕相全对黑方马炮单缺象的残局。双方胜和关系尚在超出定式残局的范围，着重要看双方棋手的临场计算。

㊷兵九进一　马8退6

黑方退马老练，限制红马七进五的机会同时，以后有马6进7跳象尖马的机会。

㊸兵九进一

红方只能兑兵，如果马七进八，则马6进7，马八退六，马7进6，马六进五，马6进7，帅五进一，士5进6，下一着黑方炮6进8破仕，红方速败。

㊸……	卒1进1	㊹马七进九	马6进5
㊺仕六进五	马5进6	㊻马九进七	象5进3

黑方单象的作用很大，既可以限制红马又可以助攻，是黑方攻守体系的重要一环。

㊼帅五平六	炮6进2	㊽马七退九	士5进4
㊾马九退七	炮6退2	㊿兵一进一	炮6平4
51仕五进六	士4退5	52帅六平五	马6进7
53帅五进一	炮4进4	54相五退三	

红方忙中出错，退相又被黑方利用，不如兵一进一顽强。

54……	炮4平8	55帅五平六	炮8平7

红相必丢，红方失去完整防御体系，郝继超特大投子认负。

第14局　上海 孙勇征 先胜 湖北 汪洋（快棋）

【中炮七路马对屏风马】

①炮二平五	马8进7	②马二进三	车9平8
③兵七进一	卒7进1	④马八进七	马2进3
⑤马七进六			

双方以中炮先锋马进七兵对屏风马挺3卒布局列阵。红方先锋马

的布局一度在全国大赛中出镜率很低。当时的布局理论认为，红方马七进六后虽然可以更好地谋求控制中心区域，但是左马定位过早，右车出动相对缓慢，黑方有反攻的机会。近年来，特别是在2020年前后，先锋马布局重新回到棋手的视野中，先手方在变化的选择中又有了新的突破，孙勇征特级大师就是其中之一。

⑤……　　　象3进5　　⑥炮八平六

平炮马后，在局面中形成一个马炮的最佳结构，同样表明了下一着车九平八出动左车的态度。

⑥……　　　车1平2

出动右车是黑方主流的下法，也是对炮8平9的改进之着。如炮8平9，则相三进一，车1平2，车九平八，车8进6，仕四进五，黑方子力没有好的落点，红方布阵更加从容不迫，红方可持小先手进入中局。

⑦车九平八　　炮2进6（图27）

进炮压车表明后手方积极进取的态度，这也确是黑方在当前局面下最积极的走法。如果改弦更张走炮8进4，则炮五退一，炮2进5，炮五平二，车8平9，相三进五，车9进1，炮二平七，红方子力更加灵活，黑方不利。

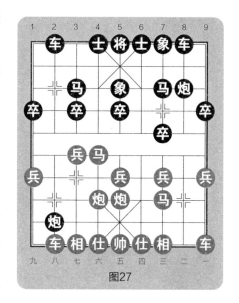

图27

⑧马六进七　　士6进5

黑方静观其变，先补厚中路再做打算。在随后举行的2022年第二届上海杯象棋大师公开赛上，武俊强大师对阵王廓特级大师时也曾走到这个局面，王特大选择炮2平3兑车，以下车八进九，马3退2，马七退六，马2进3，兵七进一，象5进3，马六退八，炮3平8，马八进七，马3进4。黑方虽然封锁住红车，但是付出一象的代价。虽然最终王廓特大获得胜利，但从布局角度来分析，武大师在这一阶段显然是取得了一定的优势。

⑨炮六平七　炮2平3　⑩车八进九　马3退2

⑪车一平二　炮8进4　⑫兵五进一　炮3退3

⑬相七进九　炮3进1　⑭车二进一

高车意在打破黑方双炮的封锁。在2021年第十四届全运会象棋决赛中，孟辰特大对阵汪洋特大时，孟特大选择兵五进一的攻法，当时汪特大选择炮3平5弃子抢攻的策略，双方演变下来红方取得一定优势。不过在随后几天的一场网络赛中，红方兵五进一时，黑方应以卒5进1，马七退五，马7进6，车二进二，车8进2，炮五进二，炮8退2，炮五平七，马2进3，双方对峙，黑方不落下风。这场比赛的选手真实身份不得而知，但是这个变例引起众多高手的兴趣和研究。就在当年举行的第一届上海杯象棋大师公开赛上，黄竹风大师对阵蒋川特级大师时，首次采用车二进一的走法。

⑭……　　　卒7进1　⑮车二平三　卒7进1

⑯马三退一　马7进6　⑰炮五平二

这着棋是孙特大事先准备的"飞刀"。在黄蒋之战中，黄大师选择的是炮五进四，以下炮3平5，炮五退一，炮8进3，马七进五，炮5退2，兵五进一，象7进5，兵五平四，红方稍好。实战中孙特大的下法是以放弃中路进攻换得"两翼齐飞"的战术实施为目标。

⑰……　　　车8平9

⑱车三平八　马2进3

⑲马一进二　卒7平8

⑳车八进二　炮3退2

退炮是考虑到如卒8进1，则车八平七，马6退4，仕六进五，红方三子归边，黑方防守压力过大。

㉑车八平二　马6进4（图28）

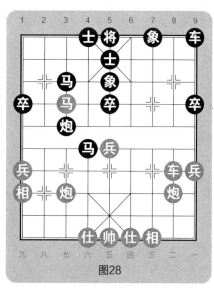

图28

进马忽略了红方马七进五的巧手，黑方还是应走马 6 退 4，兵五进一，卒 5 进 1，炮二平五，车 9 进 2，黑方足可抗衡。

㉒马七进五　象 7 进 5　　㉓炮七进五　车 9 平 7

㉔车二平七　车 7 进 4　　㉕车七进一　马 4 退 3

㉖炮二平八　马 3 退 1

忙中出错，被红方下着炮八进三得子。

㉗炮八进三

红方得子胜定，黑方认负。

第15局　浙江 赵鑫鑫 先胜 上海 孙勇征（快棋）

【仙人指路转左中炮对卒底炮飞左象】

①兵七进一　炮 2 平 3　　②炮二平五　象 3 进 5

在黑方形成卒底炮后，红方再架中炮自是符合棋理，因黑方中路已相对薄弱。现黑方放弃中卒而起右象争取出子速度。这一对抗方案构思精巧，近十余年来已发展成流行布局之一。

③炮五进四

红方炮击中卒，获取实惠，也是一种选择。希望与黑方在以后残局的搏杀之中拥有物质优势。

③……　　　士 4 进 5　　④车一进二

高车保持高速的节奏，现代布局的特色。顺便说一句，红方车一进二和车一进一的区别在对八路马提供的支援不同。车一进一以后，红方左马在黑 3 路炮的威胁下多是要避其锋芒，选择马八进九；而车一进二以后，红方八路马就多了马八进七和马八进六两种选择，阵形更加灵活多变。

④……　　　卒 3 进 1　　　⑤车一平六　卒 3 进 1

⑥相七进五　卒 7 进 1

考虑到在第 4 届南北对抗赛、第 4 届周庄杯象棋大师赛和 2013 年象甲联赛中赵鑫鑫特大执红时，遇到对方都是选择炮 3 退 2 再马 2 进 3 的变化，孙特大此时迅速走出卒 7 进 1 的下法，应是有备而来。

⑦炮五退一

退炮正确。如相五进七吃卒，则卒 9 进 1，马八进七，车 9 进 3，炮五退二，马 8 进 7，马七进八，马 7 进 6，马二进三，马 2 进 1，黑方阵形反弹力很强，红方不利。

⑦……　　　卒 9 进 1　　　⑧车六进四

红方进车抢占要点，不给黑方车 9 进 3 通车的机会。

⑧……　　　马 2 进 1（图 29）

孙特大祭出新着。以往黑方的走法是继续走卒 9 进 1 活通左车，以下马二进三，马 2 进 1，兵五进一，卒 3 平 4，马八进六，车 1 平 4，车六平九，炮 3 进 1，以后黑方可通过炮 3 平 5 来寻找反击。

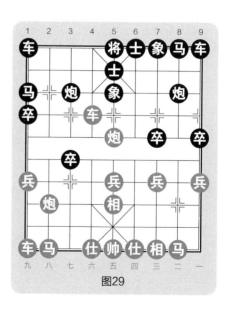

图29

⑨马八进六　车 1 平 4

⑩车六平九　炮 3 退 1

黑方退炮积极，以 1 路马为反击前线，待机反攻。

⑪后车平八

红方准备弃子抢攻，精彩。

⑪……　　　车 4 进 8

临场孙特大颇为"奢侈"地用2分钟时间思考应对之策，最终决定接受挑战，吃掉弃子。

⑫炮八进七　炮3平1

黑方难受的地方在于左翼子力没有出动，无法给受攻的右翼提供足够的支援。平炮打车希望能分散红方进攻的力量。

⑬车九平二　炮1进5　⑭车二平九

正当大家以为孙特大解除危机的时候，红方再车二平九杀了一个回马枪，黑方又陷入困境。

⑭……　　　车4退4　⑮炮八平九　将5平4（图30）

黑方又是一步拼命着法，平稳的下法是车4平5，车八进九，士5退4，车八退四，马1退2，车八平五，炮1退6，车九进三，马2进3，局面有所缓解，战线漫长。

⑯车九退三　车9进3

⑰仕六进五　车4平5

⑱车八进九　将4进1

⑲车九平六　士5进4

⑳车八退二　马1进2

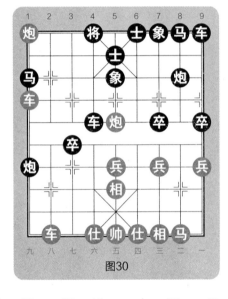

图30

黑方进马略急，不如车5平2先缓解一下，以下车八平九，车2退3，马二进三，车9平2，黑方连成霸王车，局面能够透松一些。

㉑炮九平三

红方竭尽所能在黑方九宫中挑起战火。

㉑……　　　士6进5　㉒兵五进一　车5平6

㉓炮三平八　炮8进2　㉔车八进一　将4退1

㉕炮八平二　车9平3　㉖车八进一　象5退3

㉗兵五进一　车6平5　㉘车六平四

红方弃兵后再把六路车腾挪到四路，攻击思路清晰。

㉘……　　　　将 4 平 5

黑方不能车 5 平 6 兑车，否则车四进二，炮 8 平 6，车八退四，炮 6 进 1，车八平三，炮 6 平 5，马二进三，红方大优。

㉙车四进五　马 2 退 1　　　㉚车八平九　车 5 平 2

㉛车四平三　将 5 平 6　　　㉜车三进一　将 6 进 1

㉝炮二平七

再破一象，黑方防守已经非常困难了。

㉝……　　　　卒 7 进 1　　　㉞车三退一　将 6 进 1

㉟车三退一　将 6 退 1　　　㊱车三进一　将 6 进 1

㊲车三退一　将 6 退 1　　　㊳车三进一　将 6 进 1

㊴炮七退二　车 3 退 1　　　㊵车三退一　将 6 退 1

㊶车九平二

红方形成双车错的杀势。

㊶……　　　　车 2 进 5　　　㊷仕五退六　炮 8 平 5

㊸仕四进五

黑方认负，赵鑫鑫特级大师最终夺得冠军。

"贵州特曲·广奇杯"第十届视频象棋快棋赛

2022"贵州特曲·广奇杯"第十届视频象棋快棋赛于10月8日在广东惠州拉开序幕。柳大华、徐天红、于幼华、赵国荣、吕钦、陶汉明、洪智、孙勇征、徐超、汪洋、谢靖、赵鑫鑫、王天一、王廓、郑惟桐、孟辰16位棋手参加本届比赛。比赛基本用时：每方6分钟，每走一步加3秒。加赛用时：红方6分钟，黑方4分钟，每走一步加3秒。最终郑惟桐获得了本届赛事的冠军，孙勇征获得了亚军，谢靖和徐超并列季军。

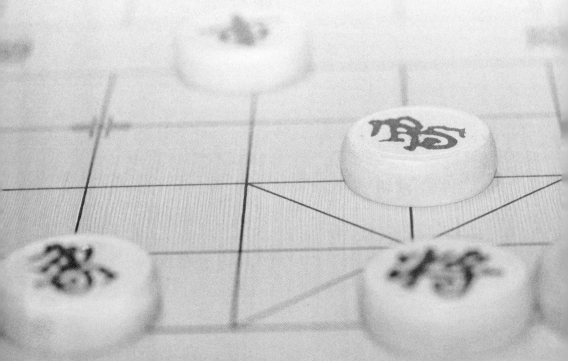

第16局　杭州 王天一 先负 四川 郑惟桐

【飞相对进左马】

① 相三进五

在王天一与郑惟桐两位特级大师之间的对局中，只要王天一特大执红棋，90% 的布局选择是相三进五或兵七进一。两位当今等级分第一与等级分第二的高手之间的对局往往在看似平淡的着法中暗伏刀光剑影。

① ……　　马8进7

郑特大的布局风格是灵活多变，据不完全统计，在郑特大后手应对王特大飞相局时，采用过象7进5、炮8平5、炮2平4、炮8平6、卒7进1、马8进7等多种应法，其应对办法几乎涵盖了后手方应对飞相局的绝大部分变例，应对手段之丰富，令人惊叹。

② 兵三进一　卒3进1　　③ 马二进三　马2进3

④ 马八进九　象7进5

在 2016 年全国象棋个人赛、2017 年全国象棋团体赛、2019 年全国象棋个人赛两人走到当前局面时，郑特大无一例外地选择车1进1高车的走法，本局郑特大抢先变着，改走象7进5在两人之间的对局中尚数首次。其实从局外人的角度来看，两大高手的布局已入化繁为简的境界，一招一式都了然于胸。所谋所想在于通过局部细节的变化，来引导全局的变化。所图者皆是阳谋——双方既有各自的秘密武器，却又无真正的秘密可言。

⑤车九进一　车1进1

无论是红方相三进五、黑方象7进5，还是此时的车九进一和车
1进1，一着一式都体现出双方对布局间架结构的理解。

⑥车九平四　炮8退2　　⑦仕四进五　车1平8

黑方平车邀兑，是炮8退2的后续手段，可以确保9路车通头。
如炮8平7，红方可以通过马三进二封住黑方9路车，这样黑方7路
炮的位置就稍显尴尬了。

⑧炮二进七　车9平8　　⑨车一平四　马3进4

⑩炮八进三　前车平4（图31）

黑方平车保马正着，保留局
面的复杂性。如前车进6，则马
三进四，马4进6，前车进3，
后车进6，兵九进一，后车平5，
炮八退二，车5退2，炮八平9，
红方把骑河炮调动到边线，待机
而动，红方满意。

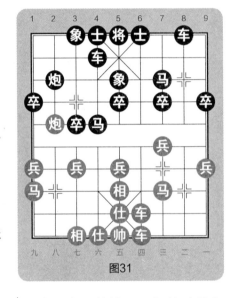

图31

⑪前车进四　马4退3

⑫炮八退三　车4进7

黑方进车下二路线为马3进
4腾挪出位置，保持进攻的态势。

⑬前车退二

看到黑方来势汹汹，王特大选择退车坚守兵林线，积极构建防御
阵地。

⑬……　　　士4进5　　⑭兵五进一

这是红方上一着退车的后续手段，及时策应左翼。

⑭……　　　马3进4　　⑮炮八平六　炮2进4

⑯兵七进一　炮2进1　　⑰后车进二　卒3进1

黑方利用顿挫战术谋得一卒过河。

⑱前车平八　炮2平3　　⑲马九退八　卒3进1

⑳车八进二　马4进5

㉑车四进一（图32）

此时王特大用时还有1分19秒，电光火石之间王特大走出车四进一捉马简化局面的败着。红方理想的应对方案是相七进九逼黑方选择，以下车4平3，马八进七，卒3平4，马七进六，马5进7，车四平三，卒4进1，仕五进六，红方可以顶住黑方的第一波攻击，局面要透松一些，双方战线漫长。

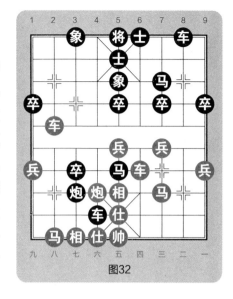

图32

㉑……　　　炮3平5　　㉒帅五平四　卒3进1

双方用时都比较紧张，黑方同样错过卒3平4一击制胜的着法。

㉓相七进九　车4平3　　㉔炮六进六

走到这时，红方已经躲过黑方明枪暗箭的围攻，就棋而言，已经是双方可战的局面。

㉔……　　　车8进7　　㉕马三进五　车8进2

㉖帅四进一　车8平4

郑特大在用时仅余6秒的情况下，平车杀仕放出胜负手。

㉗炮六平九

非常可惜的一着棋。红方应炮六平七迫使黑方主动交换从而简化局面，以下卒3平4，马八进七，象5进3，车八退四，车3平2，马七退六，车2退7，仕五进六，炮5平1，炮七退二，战场上红方拨云见日，重夺先手。

㉗……　　　卒3平4　　㉘炮九进一　士5退4

㉙车四进四　车4平5　　㉚马五退三　炮5平6

献炮好棋，红方九宫瞬间破防，败局已定。

㉛车四平五　士6进5　　㉜车八平六　车3平5

黑胜。

第17局　天津 孟辰 先胜 浙江 赵鑫鑫

【中炮七路马对屏风马】

①炮二平五　马8进7　　②马二进三　车9平8

③兵七进一

红方缓开车而先挺七兵，从理论上讲，这是一种战略性下法，防止对方进3卒打乱预想的布局计划。从对局双方的心态上理解，孟辰特大选择先进七兵有意把局面引向复杂激烈的方向，以对付赵鑫鑫特大这样攻法绵密的对手。

③……　　　卒7进1　　④马八进七　马2进3

黑方布成屏风马阵形严阵以待，也可走炮8平9，这样可以多一个车8进5侵扰红阵的手段，同时由于右翼按兵不动，会多一些还架中炮或飞象上拐脚马的变化。现在上马则保留了平边炮的机动性，可以说两种选择各具特色。

⑤车一平二　　车1进1

黑方高横车，快速开通右翼子力，简洁明快。

⑥马七进六　　车1平4

⑦炮八进二

红方六路马不定位，升炮保马，保留局面的多种变化。开局未几，双方已经为后续的"接触战"埋下伏笔。

⑦……　　　炮8进3（图33）

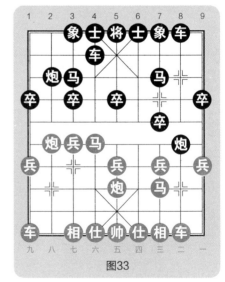

图33

双方经过几个回合的演变，还原成中炮巡河炮对屏风马横车的一个常见变例。此时黑方进炮骑河是正确的选择。如改走卒3进1，则炮五平六，车4平8（马3进4，兵七进一，车4平3，兵七平六，车3进4，马六退四，车3平2，马四进三，红方优势），兵七进一，炮8进3，马六退七，前车进3，兵七进一，马3退5，相三进五，红方保留一个位置很好的过河兵，黑方显然是非常不舒服的。

⑧炮五平六　　车4平8　　⑨相七进五　　象7进5

⑩车九平七　　炮2平1

平炮伺机攻击红方边路，以后可以保留前车平2的策应手段。

⑪车七平八

红方平车准备通过子力交换解决巡河线上马炮受牵的问题，虽然是多花费了一步棋，但是很值得。如果坚持走炮八退一，则卒7进1，马六进七，炮8进1，仕六进五，马7进6，黑方反击的速度很快。在象棋比赛中，特别是在快棋比赛中，棋手主动调整行棋计划是有效的止损方法。

⑪……　　　炮1进4　　⑫马六进七

红方通过子力交换解除牵制，简明。

⑫……　　　炮8退2　　⑬兵七进一

从双方行棋的过程来看，这盘棋赵鑫鑫特大虽持后手，但是行棋足够积极，攻守变化行云流水；而孟辰特大的行棋更加积极，局面判断清晰，行棋果断，毫无拖泥带水之处。

⑬……　　　象5进3　　⑭炮八平七

红方平炮是弃兵的后续手段，继续保持局面的纠缠。

⑭……　　　马7进6　　⑮车八进七　　炮8平3

⑯车二进八　　车8进1　　⑰炮七进二　　马3退5

⑱炮七平一

红方如车八退四，则炮1进3，车八退三，炮1退3，炮七平一，马5进7，炮一平三，双方大体均势，但是红方子力位置要差一些，黑方主动。

⑱……　　马5进7　　⑲炮一平九

红方连续扫卒，黑方解决局面弱点，双方各有所得。

⑲……　　象3退5　　⑳车八退三　车8平1

㉑炮六平九　车1平4

黑方先手捉炮把红炮引到边路，再平肋车保持子力灵活性。

㉒兵三进一

从第18个回合红方连续扫兵到这一回合中红方兑兵活马，孟辰特大已经有了打持久战的方案。

㉒……　　马6进4　　㉓仕四进五　卒7进1

㉔相五进三　马7进6　　㉕前炮退二

退炮逼黑方表态，红方应着积极。

㉕……　　炮1平3　　㉖相三退五　马4进6

㉗车八平四　车4进7

稳健一些可以选择车4进3守着，试红方应手。从车4进7这着棋可以阅读出赵鑫鑫特级大师在枰面上展现的不同寻常的斗志。这种斗志是棋手成长为优秀棋手过程中必备的特质之一。但是这种斗志也会带来一定程度的冒进思想，控制和利用好这种斗志的关键意义不言而喻。

㉘帅五平四　后马进4

㉙炮九平六

红方凭借坚实的防守，诱黑方大军压境。此时平炮压车，占据防守要点。

㉙……　　马4进2

黑方已然没有退路，进马伏有炮3进3再马2进4交换的手段。

㉚车四平七

红方平车冷静，跟住黑炮，黑方攻势立即被瓦解。

㉚……　　马2退3（图34）

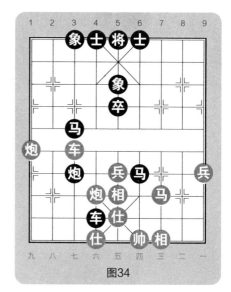

图34

败着。黑方此时宜走车4平3，则马三进四，马2退1，车七进四，士6进5，炮六进一，车3平1，炮九平五，炮3平2，黑方局势尚可。

㉛车七退一　马3进1　　㉜车七进一

黑方如续走马1退3，则车七平四，马6进7，红方用车破士再马三进四，黑方败局已定。至此，黑方投子认负。

第18局　四川 郑惟桐 先胜 上海 谢靖

【仙人指路转左中炮对卒底炮飞左象】

①兵七进一　炮2平3　　②炮二平五　象3进5

③马二进三

红方不顾黑方接下来进3卒的争先之着，采取快出右翼子力的战术。以兵为代价达到快出子力的目的，是现代兵炮布局的一个特点。

③……　　卒3进1

进3卒争取渡河是卒底炮对仙人指路后架中炮大局体系中的主流变例之一。其特点是花两个步数而渡一卒，并可迫使红方左马屯边，得失参半。

④车一平二　卒3进1　　⑤马八进九　车9进1

黑方起左横车是积极应法，准备平右肋利于对攻。

⑥车九平八

红方再出左车两翼并举，稳步进取。

⑥……　　车9平4　　⑦炮五进四　士4进5

⑧炮五平一（图35）

红方炮轰双卒是经典的主流战术。如改走仕六进五，则马8进9，炮五平一，车4进3（如车4进4，炮八平四，马2进4，相七进五，炮8平7，还原成常见变化），车二进四，车4平9，车二平一，车9进1，兵一进一，马2进4，兵三进一，车1平2，相七进五，车2进6，炮八平六，车2进3（如车2平1，相五进七！），马九退八，卒3平2，黑方可战。

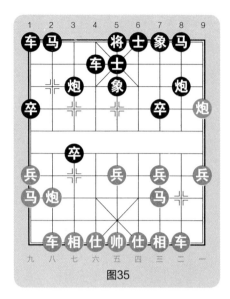

图35

⑧……　　　　马8进9

跳边马是久经考验的主流防御手段，而近年来马2进1也在慢慢兴起。

⑨仕六进五　车4进4

此时也有车4进3的下法，以下车二进四，卒3进1，炮八进二，炮8平7，相七进五，车4平3，炮八平九，炮3平1，双方纠缠。

⑩炮八平六

平炮亮车的同时，牵制黑方马2进4出拐角马。

⑩……　　　　马2进4　　⑪相三进五　车1平2

谢靖特大棋风稳健，技术全面，中局的算度深远，残局善于缠斗；他的对手郑惟桐恰恰也是同样的棋风，并且郑特大在锋芒内敛中更是多一种"川军团"血战到底，不死不休的特质。正如本局一般，双方开局阶段行棋中规中矩，没有过早脱离谱着，但是双方又都不能放松，不知道在哪里就会有暗藏的飞刀祭出。黑方在这里没有选择常见的炮3平2的变化，而是选择车1平2邀兑。

⑫车八进九　马4退2　　⑬炮一退二　车4退1

谢靖特大抢先脱谱。早期黑方的应法是卒1进1，兵三进一，车

4退1，车二进六，马2进1，相五进七，炮8平6，相七退五，红方主动。2006年前后，黑方流行的走法是卒3平2，马九进七，车4进1，马七进八，炮3平2，车二进四，车4退2，马八退六，车4平3，马六进五，车3平5，车二平五，车5进1，兵五进一，红方稍好。实战中黑方退车以后，利用巡河车为轴，带动其他子进攻，整体推进的能力要更强一些。

　⑭ 车二进四　　马9进8　　⑮ 车二平七　　马8进7

放弃过河卒后，黑方获得连续进马的机会，典型的以子力换进攻速度的选择。

　⑯ 兵九进一

红方进兵活马的同时，保留变化。看似车七平三捉马是一步先手，但是迫使黑方马7退9交换，兵一进一，卒7进1，车三平二，车4进2，黑方可以简化局面，红方的优势不足以转化成胜势。

　⑯ ……　　　　炮3平4　　⑰ 炮一平六　　车4平7

　⑱ 后炮进五　　士5进4

用士吃炮似乎没有炮8平6来的工整，但是炮8平6后黑方对红方右翼彻底失去反攻的可能，两者互有利弊。

　⑲ 炮六退二　　马7进9（图36）

黑方进马坏棋，时机不对。此时宜走士4退5，则马九进七，马2进3，车七进二，马3进5，车七平五，炮8进1，马七进五，炮8平5，马五进三，卒7进1，红方仍有先手，但局面平稳，黑方足可抗衡。

　⑳ 车七平二

红方平车捉炮是虚，下一着车二退二捉死马是实，黑方局面陷入被动。

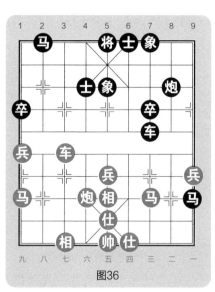

图36

⑳……　　　　　炮8平9　　　㉑车二退二　马2进3

㉒马三进四　马3进2

眼见死马已无可挽救，黑方连续运右马，希望能找到简化局面的机会。

㉓相五退三　车7进5　　　㉔炮六平一　车7退4

㉕炮一进五

红方多子多兵，简化局面后局势更易控制。

㉕……　　　　　车7平6　　　㉖炮一退三　士4退5

㉗车二平八　马2退4　　　㉘车八进二　车6进1

㉙车八进二　马4进3　　　㉚车八退三　士5退4

黑方不能再兑子交换，否则红方形成例胜的残局。

㉛相七进五　马3退5　　　㉜马九进八　车6平9

㉝炮一平五　士6进5　　　㉞马八进六

黑方认负。

第19局　四川 郑惟桐 先胜 上海 孙勇征

【五七炮进三兵对屏风马挺3卒】

①炮二平五　马8进7　　　②马二进三　车9平8

③车一平二　马2进3　　　④兵三进一　卒3进1

⑤马八进九　卒1进1

黑方挺边卒制马，准备边线出车。

⑥炮八平七　马3进2　　　⑦马三进四

双方走成五七炮进三兵对屏风马挺3卒的常见阵形。此时，红方急进河口马虎视黑方中卒，是五七炮进三兵布局体系中最为激烈的一种下法，郑特大争胜意图跃然枰上。

⑦……　　　车1进3

黑方升车保卒，既可占据要道，又伏诱敌进攻的手段。如改走象7进5，则马四进五，马7进5，炮五进四，士6进5，车二进五，车8平6，炮七平一，红方满意。

⑧兵七进一（图37）

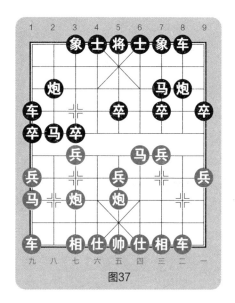

图37

在此有一个布局常识需要向大家交代，就是红方不能走马四进五，否则马7进5，炮五进四，车1平5，炮七平五，车5退2！炮五进六，炮8平5抽车，黑方白得一子。实战中，郑特大选择了最为激烈的弃七兵变例。

⑧……　　　卒3进1

弃底象保留过河卒是2017年全国赛上，申鹏特级大师创新之着。除卒3进1之外，黑方常见的选择是马2进1或象3进5，要比实战的选择平稳一些。

⑨炮七进七　士4进5　　⑩车二进五　马2进4

⑪车九平八　卒7进1

黑方冲7卒以攻对攻，让红车定位。显然红方是不能车二平三吃卒的，否则象7进5，车三进一，象5退3，车三进一，炮2平6，车八进九，车1平3，马四进五，马4进5，相七进五，炮8进7，对攻中黑方满意。

⑫马四进三

进马限制黑马，这是较为稳健的选择。快棋赛常用的一个思路就是：你不让我走出舒服的位置，我也堵住你想走的棋。这种看似简单粗暴的作战方式在快棋赛上是非常实用的。

⑫……　　　　车1退3

黑方利用7卒的拦截，退车捉炮，稳健。如卒7进1，则车二平七，黑方右翼防守压力大。

⑬炮七退二　炮8平3　　⑭车二进四　马7退8

⑮车八进七　炮3进7

一番交换以后，黑方得到一相，局势又紧张起来。

⑯仕六进五　马4进5（图38）

黑方进马失误，宜走象7进9，炮五平二，马4进6，炮二平四，车1平3，相三进五，炮3平1，双方互有顾忌。

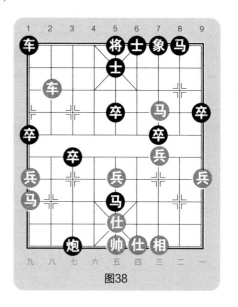

图38

⑰相三进五　炮3平1

黑方平炮不如炮3退2更顽强。

⑱马九退七　炮1退1

⑲兵三进一　车1平3

⑳马七进八

红方利用黑炮受攻的机会，运子抢先。

⑳……　　　　炮1进1

㉑相五进七　车3进5　　㉒帅五平六

当时局面下，黑方车炮无法成杀，8路马位置较差，攻守两端能发挥的作用不大，红方已经稳占优势。

㉒……　　　　车3进4　　㉓帅六进一　车3退9

㉔马三进四　马8进9　　㉕马八进七

红方进马细腻，黑方此时不能车3进4，否则红方车八进二再马四退六抽车。

㉕……　　　　车3平4　　㉖仕五进六　卒5进1

㉗马四退二　炮1平3　　㉘马二进三

红方进马继续蚕食黑方！标准的郑氏风格。

㉘…… 马9退7 ㉙兵三进一 车4进4

㉚兵三进一

强硬的走法，不给黑方任何喘息的机会。

㉚…… 车4平3 ㉛兵三进一 车3进4

㉜帅六退一 车3平7 ㉝车八进二 士5退4

㉞仕六退五 士6进5 ㉟马三退五

红方弃马破士，短短的几分钟内，郑特大已经算准后面的变化，成竹在胸。

㉟…… 将5进1 ㊱车八平六 车7退5

㊲车六退一 将5进1 ㊳车六退三 车7平5

黑方如被红方诱惑而走车7退2，则车六进二，将5退1，车六进一再车六平三吃车。

㊴车六平九 炮3退7 ㊵车九平六 炮3进4

㊶兵一进一

保留边兵，预留后路，如车低兵强攻不下，还可以有两个边兵来做攻击的预备队。

㊶…… 卒5进1 ㊷兵五进一 车5进2

㊸车六退二 炮3退1 ㊹兵三平四 将5平6

㊺兵四平五 将6平5 ㊻兵五平六 将5平6

㊼车六进四 将6退1 ㊽车六退一 将6进1

㊾车六平一

至此大局已定，双方又对弈几个回合，郑惟桐特级大师最终获胜并赢得本次比赛的冠军。

㊾…… 炮3平9 ㊿仕五进六 车5平6

(51)帅六平五 车6平5 (52)仕四进五 车5平2

(53)车一平四 将6平5 (54)车四平五 将5平6

(55)仕五进四 车2平6 (56)车五进一 将6退1

(57)车五进一 将6进1 (58)车五进一

黑方认负。

第六届"吉视传媒杯"象棋全国冠军南北对抗赛

第六届"吉视传媒杯"象棋全国冠军南北对抗赛于8月25日在吉林省白山市开幕。南北对抗赛邀请八位象棋全国冠军，根据他们的户籍所在地，以长江为界分为南北两队。本届赛事采用"和棋加赛、必分胜负"的规则，慢棋如弈和，交换先后手加赛快棋；快棋如弈和，换先加赛超快棋；如弈和，换先续赛超快棋；如依旧和棋，则进行附加赛，如再是和棋则算黑胜。

吕钦、郑惟桐、赵鑫鑫、谢靖组成南方队，王天一、蒋川、汪洋、王廓组成北方队，经过两天激烈的比赛，南方队最终获胜。

第20局　北方队 王天一 先胜 南方队 赵鑫鑫

【仙人指路转左中炮对卒底炮飞左象】

① 兵七进一　炮2平3　　② 炮二平五　象3进5

③ 相七进九

红方飞边相变例，王天一特大走得比较少，在2021年全国象棋快棋锦标赛中对赵攀伟时曾经走出一局。当然如王特大这样的顶级棋手对布局的研究是非常精深的，在这个局面下马二进三、仕六进五、马八进九等变化王特大也均有选择过。

③……　　　马8进7

赵鑫鑫对相七进九变例的运用要比王特大更早一些。2013年第2届碧桂园杯全国象棋冠军赛上，赵鑫鑫特大后手应对赵国荣特大时，就曾选择马8进7的下法。特级大师之间布局较量往往在"深""新"两处做文章，本局的看点正是此处，读者朋友们可以细加品味。

④ 马二进三　车9平8

先平车是黑方近年的主流变化，早期黑方选择卒7进1，车一平二，车9平8，马八进六，炮8进4，马三退一，炮8退1，车九平八，红方稍好。探研上述走法，不难发现黑方卒7进1稍缓，让红方左翼子力展开得更加从容。因此，近期黑方多走车9平8，保持积极的态势。

⑤ 兵三进一

当前局面下，红方一路车以后可以车一平二或车一进一视情况而动，抢进三兵活马，消除右翼棋形上的主要弱点，红方布局的重点就可以转向左翼。

⑤…… 炮8平9 ⑥马八进六 马2进1

⑦车九平八 车8进4（图39）

双方行棋至此，赵鑫鑫特大率先走出新变，进车巡河意在保持车路灵活，提早考虑到右车被封后局面的策应问题。如车1平2，则炮八进四，士4进5，车一平二，车8进9，马三退二，炮9进4，马二进三，炮9退1，兵九进一，车2平4，马六进七，红方主动。

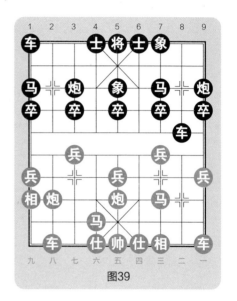

图39

⑧车一平二 车8平4

⑨马六进四 车1平2

⑩炮八进五

扎实的一着棋。如果炮八进四就要虚浮一些，黑方可士4进5，车二进六，炮3平4，由于红方八路线上车炮受牵，黑方暗伏卒7进1的反击手段，黑方满意。

⑩…… 卒1进1 ⑪车二进六 士4进5

补士同样是见功力的一着棋。如果马1进2则是一步似先实后的棋，红方顺势炮五平八，车2平3，仕六进五，马2进1，后炮进四，红方优势。

⑫仕四进五 卒7进1 ⑬车二平三 炮9退1

⑭兵三进一 炮9平7 ⑮马三进四 车4平2

黑方平车邀兑，解决子力被封的弱点，如车4平7，则车三退一，炮7进3，前马进五，马7进5，炮五进四，黑方子力位置不通畅，红方占优。

⑯车八进五 马1进2 ⑰车三平四 车2进2

⑱兵三进一

红方虽然少子，但借助三路兵的冲击，形势并不落后。

⑱……　　　炮7平8

考虑到左翼防守的压力，黑方主动弃还一子，利用炮7平8底线叫杀的机会，与红方展开对杀。

⑲兵三进一　炮8进8　　⑳仕五退四　马2进3

㉑炮五进四　马3进1　　㉒后马进六

红方进马顺势守住黑方卧槽马攻击的位置。

㉒……　　　炮3平7

至此形成红方强攻中路，黑方反攻底线的两分局面。

㉓车四平二　炮8平9　　㉔车二退六　炮9退1

㉕车二进一　炮9进1　　㉖车二平一　炮9平8

㉗车一平三

从第23回合起，红方巧妙运用顿挫战术偷得两着棋。与第23回合的起始局面相比较，红方等于是多走一着车二退五又抢了一步车二平三捉炮的先手，展现出王天一特大细腻的运子手段。

㉗……　　　炮7平6　　㉘车三进一　马1进2

㉙车三平六　炮6平7　　㉚仕六进五　炮8退4

黑方退炮算度深远，体现出赵特大不同寻常的战斗力。

㉛马四进六　车2进2　　㉜后马退八　炮8平7

㉝相三进一　前炮平8　　㉞马六进四　车2平6

㉟马四进三　车6退3　　㊱马三进一

红方如误走帅五平六，则炮8平4，红方不能车六进二吃炮，否则马2退3抽车。这样黑方可以白吃红方三路马，反夺优势。

㊱……　　　车6进5

黑方如果选择车6平9捉死马，则车六平三，车9退1，车三进五，车9平8，车三退二，炮8平4，车三平九，车8进3，车九进四，炮4退5，炮五退二，红方多兵且子力占位较高，黑方不好应对。

㊲兵七进一

红方弃兵冷着，为以后马八进六再马六进七预设路线。

㊲……　　卒3进1　　㊳车六平三　炮7平6（图40）

看似自然的应着，却是失利的根源。黑方冷静的选择是炮8进4，则相一退三，炮7进7，车三退二，炮8退2，马一退三，将5平4，炮五平八，马2退3，仕五进四，车6平5，仕四进五，车5退3，黑方少子但是消耗掉红方双相，红方有顾忌。不过上述的推演是建立在时间充分的条件下，反复推演的结果，实战中，黑方要在紧张的用时内再弃子防守，这种违反常规逻辑的下法，棋手很难走出来。

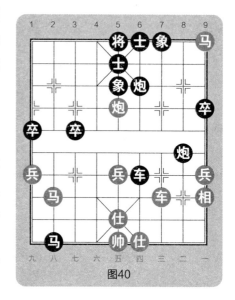

图40

㊴马八进六　炮8平4　　㊵车三平八　将5平4

黑方不能马2退4逃马，否则车八进七，炮4退5，马一退三，炮6退1，马六进七，红方胜势。

㊶马六进八　炮6进1　　㊷马八进六

红方进马切断黑炮退路，为最后的进攻做准备。

㊷……　　炮6退1　　㊸车八退二　车6平5

㊹车八进九　将4进1　　㊺炮五平三

红方利用钳形攻势，强攻黑方将府。

㊺……　　车5退2　　㊻炮三进二　炮6退1

㊼车八退一　将4进1　　㊽车八退四　车5平4

㊾马一退二

黑方认负。

第21局　北方队 汪洋 先负 南方队 郑惟桐

【仙人指路转左中炮对卒底炮飞左象】

①兵七进一　炮2平3　　②炮二平五　象3进5

③相七进九　马2进4

散手布局的最大特点在于可以避开双方默契背谱的定式，走一些自己准备过但对手没准备的套路。即使走到双方都陌生的局面，也可以凭着自己的中残水平与对方进行决战。

④马二进三　车1平2　　⑤马八进六　马8进9（图41）

跳边马是主动脱谱的选择。以往黑方多走马8进7跳正马，以下车一平二，车9平8，车二进四，炮8平9，车二平六，车2进1，车九平八，车8进4，炮八平六，车2进8，马六退八，马4进2，双方大体均势。实战中郑特大改跳边马，准备给炮8平7留出位置，牵制红方的出子路线，考虑到相七进九后，红方的三路相是孤相，隐约间还是有弱点可以利用。

⑥车一平二　炮8平7

⑦兵三进一　车9进1

⑧车二进五

进骑河车抢占要道，正确。

⑧……　　　卒7进1

考虑到红方骑河车的拦截、

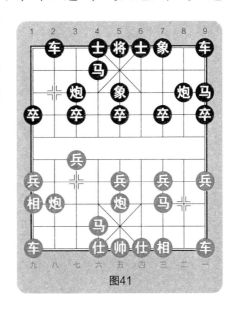

图41

控线作用，黑方弃卒意在限制骑河车的效率，全局战斗一触即发。

⑨兵三进一　车9平6　　⑩车九平八　车6进7

利用红方现在棋形并不严密的机会，黑方主动出击，将水搅浑，看汪洋特大如何应付。

⑪仕四进五　车6平7　　⑫马三进四　车7进1

⑬仕五退四　卒9进1　　⑭车二平一　炮7平8

弃卒平炮，黑方利用这两着棋把红车困在边线。

⑮兵三平二　车2进4

进车的构思是下一着车2平6，炮八进二，炮3平2，炮五平八，车7退4，红棋子力被拴牵，黑方优势。

⑯兵七进一

弃兵强硬，积极破坏黑方的行棋计划。

⑯……　　　炮3进2

黑方不宜走车2平3，否则炮八进四，车3平6，车八进四，双方虽然仍是相持之势，但是红方子力位置得以改善，黑方无趣。

⑰兵二进一

红方主动挑起战火，一场小规模的战斗由此爆发。

⑰……　　　马9进8　　⑱车一退一　马8进6

⑲车一平四　炮8退2　　⑳炮八平七　车2进5

㉑马六退八　炮3平8

双方交换后子力减少，但红方右翼面临的压力并未减小，红方仍要处于守势。

㉒车四平二　车7退3　　㉓马八进六　前炮平5

黑方平中炮闪击，巧着。

㉔兵二平三　炮5进3　　㉕车二进五　炮5平1

吃相以后黑方利用红车位置不佳的弱点，在红方左翼进行攻击。

㉖兵三平四　车7进1

进车是最简明的下法，快速有效地展开进攻，车、炮两个攻击子力形成合力。

㉗ 炮七平四

显然红炮是不能让出宫顶线的，但平炮仕角的同时，也消弱了红方左翼的防守力量。

㉗······　　　车7退3　　　㉘车二退五　炮1进2

㉙仕六进五　车7平3

黑方的攻击计划顺利推进。

㉚车二平八　车3进5　　　㉛仕五退六　卒3进1

红方失去双相，黑方3卒就是一个奇兵。在很多时候更好地利用和发挥自己已经取得的优势，同样是一种有效的进攻手段。

㉜炮四退一　卒3进1　　　㉝车八退三　车3退1

㉞车八退一　车3平4　　　㉟仕四进五　车4退2

㊱车八平九　车4平5

精打细算的一次交换，黑方既得到物质上实惠，又赚取子力位置上的优势。

㊲车九进二　马4进3　　　㊳兵四进一（图42）

显然红方不能兵四平五交换，否则车5退3，车九平七，车5进2，红方失去双相的庇护，也难成和。考虑到这个因素，红方冲兵也是破釜沉舟之举。

㊳······　　　车5平6

㊴仕五进四　车6平9

㊵兵四进一　士6进5

㊶兵九进一　马3进5

㊷仕六进五

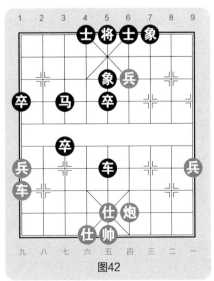

图42

红方双兵位置较差，在攻守两端都借不上力。红方只能凭借车、炮双仕的力量与黑方车马双卒进行周旋。

㊷······　　　马5进4

㊸帅五平六　马4退3

㊹兵九进一　卒1进1　　㊺车九进三　象7进9

㊻车九进二　象9进7

消除了己方阵地中的最大弱点，黑方准备放手进攻了。

㊼车九平七　卒3平4　　㊽车七退一　卒4平5

㊾车七平六　车9平4　　㊿车六退三　马3进4

形成黑方例胜的残局局面，红方认负。

第22局　北方队 蒋川 先胜 南方队 吕钦

【中炮两头蛇对左三步虎】

①炮二平五　马8进7　　②兵三进一

红方抢挺三兵，作战计划明显，将棋局直接限定在中炮进三兵的范畴之内。

②……　　　车9平8　　③马二进三　炮8平9

黑方左炮平边，布成三步虎阵式，是后手方的一种积极应法。

④兵七进一　卒3进1　　⑤兵七进一　车8进4

⑥兵七进一　卒7进1

考虑到蒋川特级大师布局套路娴熟，吕特大在这里有意选择一路较为冷僻的兑7卒的走法。这路变化在全国大赛中出现的不多，但是后手方可以创造出短兵相接的机会，有利于黑方尽早脱谱，较量中残局战力。这里黑方常见的选择是车8平3。

⑦车一平二（图43）

红方主动兑车避免两翼作战的可能，确保七路兵能够深入敌后。如兵三进一，则车8平7，马八进九，象3进5，炮八平六，车7平3，车九平八，马7进6，炮五进四，士4进5，相三进五，车3退1，炮五退二，卒1进1，黑棋不弱。

⑦…… 　　车8进5

⑧马三退二　卒7进1

双方各有一兵（卒）过河，同向一侧子力又都出动较晚，形

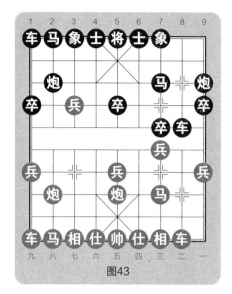

图43

成一个两翼不均衡的布局阵势。这样的布局节奏看似不快，都要调整阵形，但是双方蓄势完毕，局面不易再次简化，一场大战已不可避免。

⑨马八进七　象3进5

黑方飞象准备跳拐角马，待机出象位车直接威胁红方七路线。

⑩车九进一　马2进4　　⑪马七进六

进马护住七路兵，同时控制黑方车1平3的路线，一着两用。

⑪…… 　　炮9进4

红方七路兵的存在对于黑方而言是如鲠在喉，似不吐不快。对此，吕特大的采用诱敌深入的策略，暂不处理，炮打边兵先谋实惠。

⑫兵七进一

黑方不理，红方自然不能退让，冲兵捉炮势在必行。

⑫…… 　　炮2平1　　⑬兵七进一　马4进6

⑭马六进八

红方进马封车的同时，意图对黑方1路车形成牵制。也可以改走车九平三转移方向，以下车1平2，炮八进六，士4进5，车三进三，马6进7，炮五平八，车2平1，马二进三，炮9退2，兵七平六，

红方更易控制局面。

⑭……　　　士4进5　　⑮车九平三

红方此时再平车捉卒，实际慢了一着。

⑮……　　　炮9退2

退炮好棋，洞悉全局的要点。

⑯马八进九

红方如车三进三吃卒，则马6进5，炮五进三，炮9平2，炮五退一，车1平4，红方过河兵无法及时得到后续子力的支援，对黑方威胁不大，黑方反而从容出子，获得满意的局面。

⑯……　　　车1进2　　⑰车三进三　车1平2

⑱炮八平九　马7进6

黑方连续抢得车1平2和马7进6这两着棋后，已经扳回不利的局面。

⑲马二进三　车2平3　　⑳兵七平六　车3平4

㉑兵六平七　车4进3

黑方选择兑车稍显消极，不如改走前马进4，炮九进四，炮9平3，仕四进五，炮3进1，车三进二，车4平3，兵七平六，炮3平2，以后车3进7，黑方有与红方对攻的资本。

㉒车三平四

精打算细的一着棋。

㉒……　　　马6进7　　㉓炮五进四　车4平6

㉔马三进四　马6退4　　㉕兵七平六　马4退2

㉖兵六平七　马2进3

黑方借捉兵的先手，调整马位。

㉗炮五平四　炮9进2　　㉘兵九进一　炮9退1

㉙马四进六　炮9退1　　㉚马六退四　炮9进1

㉛马四进六　炮9平3（图44）

红方第28回合起进边兵再进马退马，连续调运子力，让黑炮无从发力。实战中吕特大走出一步似是而非的疑问手。其实，黑方仍可以炮9退1，红方如仍不变着则形成不变作和的局面，红方如马六进七，则马7进8，仕六进五，炮9平7，炮四平三，马8退6，控制中路，黑方局势不差。

㉜兵七平六　炮3平4

㉝兵六平七　炮4平8

㉞炮四平二

在吕特大稍显迷茫之时，蒋特大却是心明眼亮，平炮拦炮攻守兼备，一举取得局面的控制权。

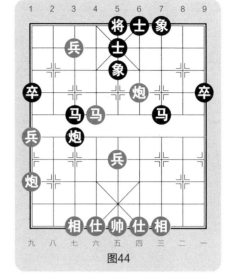
图44

㉞……　　　马7退6

黑方只能退马先防一着。如炮8退1，则马六进四，马7退6，炮九进四再扫一卒，红方形势更好。

㉟炮二退一　象5进7

黑方如马3进1，则炮九进四，马1退3，炮九平五，马6进7，炮五平六，黑方子力被拴牵，红方优势。

㊱仕四进五　炮8平3　　㊲兵七平八　卒9进1

㊳相三进五

占优之后，红方先调整好后防阵形，再做进攻的谋划，老练。

㊳……　　　炮3平8　　㊴马六进四　马3进1

㊵炮九进四

黑方子力分散，红方中兵随时过河参战，红方优势进一步扩大。

㊵……　　　马1退2　　㊶炮九进三　炮8平2

黑方如改走炮8平1要比实战顽强，平炮打马反被红方偷袭得手，黑方速败。

㊷炮九平八

黑方认负。

第23局　北方队　王廓　先负　南方队　谢靖

【五七炮对屏风马互进三兵（卒）黑方边卒右马外盘河】

①炮二平五　马8进7　　②马二进三　车9平8

③车一平二　马2进3　　④兵三进一　卒3进1

⑤马八进九

双方互挺三路兵卒之后，红方若跳左正马便受抑制，故屯边线。从布局理论上讲，左马屯边以后，红方可以选择炮八进四、炮八平七、炮八平六等多种变化，棋形灵活。老式五七炮布局中，也有直接走炮八平七的，以下士4进5，车九进一，象3进5，车九平六，炮8进4，马三进四，双方另有攻守。

⑤……　　　卒1进1

挺卒制马，兼有活通边车的作用，是黑方较有针对性的应着。

⑥炮八平七　马3进2　　⑦车九进一

至此形成五七炮进三兵对屏风马进3卒的常见局面。

⑦……　　　象3进5

补右象与补左象变化不同，可以避免红方七路炮对底象的潜在威胁，同时在以后平炮兑车时，左边炮有象为根，有利于防止红方右马的入侵。因此这步棋是意味深长的。

⑧车九平六　车1进3（图45）

黑方车1进3扼守卒林这路变化前前后后经过多次的反复实践和研究，棋手们目前一致认为它较卒1进1直接兑卒更含蓄，更富有反弹力。

⑨车二进六

红方左右两翼同时行动，合乎逻辑。

⑨……　　　　炮8平9

⑩车二进三

兑车是较为平稳的着法。如车二平三，则炮9退1，局势导向复杂化，红方难以掌握先手。

⑩……　　　　马7退8

⑪兵五进一

兑车以后，红方挺起中兵，准备车六进二扼守兵林线，继而马三进四或炮七退一保持子力均衡发展，徐图进取，可谓计划严谨。

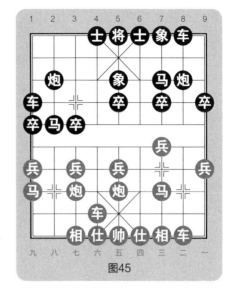

图45

⑪……　　　　马2进1　　　　⑫炮七退一　卒1进1

⑬车六进二　炮2进4　　　　⑭兵七进一

送兵开放兵林线是近年兴起的走法，以往红方走车六进二避战，以下马8进7，炮七平三，车1平2，马三进四，车2进2，以后黑方车2平5，反弹力很强。

⑭……　　　　炮2进1

黑方利用顿挫战术，引离七路兵，为边马创造出一个位置很好的落点，构思精巧。

⑮马三进二　马1退3　　　　⑯炮七平二

红方平炮打马似先实后，不如马九退八调整子力位置，以下炮2进1，马二进一，车1平2，炮七平二，红方局势尚可。

⑯……　　　　马8进7　　　　⑰马二进三　卒1进1

⑱马九退八　车1平2

红方八路马成为黑方潜在的打击目标，黑方集结兵力蓄势待发。

⑲马三进一

红方主动交换在一定程度上简化了局面，但是左翼的危机没有解除，为本局失利埋下伏笔。

⑲……　　　　　象 7 进 9　　⑳马八进七　车 2 进 3

黑方主动兑车积极，削弱红方左翼的防守力量。

㉑车六退二

红方如车六平八，则马 3 进 4，帅五进一，卒 1 平 2，马七进六，炮 2 进 2，黑方随时有卒 3 进 1 过河参战的机会，红方不利。

㉑……　　　　　车 2 平 9　　㉒马七进六　炮 2 退 1

㉓炮二平五

不利局面下，红方终于找出了一个强势回应的方案，平中炮准备对黑方中路形成牵制。

㉓……　　　　　马 3 进 2　　㉔车六平九（图 46）

从局面平衡理论上分析，红方平车捉卒，增加一个攻击点，看似没什么问题，但是黑方马 2 退 4，红方实际上是不能车九进二吃卒的，否则黑方卒 3 进 1 捉马，马六进七，炮 2 平 3，车九进三，车 9 进 2，黑方形成围攻形势，红方必败。所以，车六平九实际上不是增加攻势反而削弱了防守，红方正确的走法应是马六退七限制黑方攻击，车 9 平 3，车六平七，红方以后可以通过兵

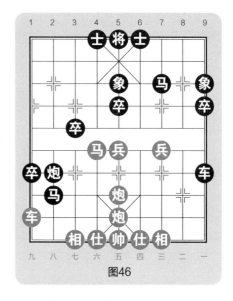

图46

五进一来寻找攻击的机会，局面复杂，红方足可抗衡。

㉔……　　　　　马 2 退 4　　㉕前炮进四　士 6 进 5

黑方暂时不与红方进行子力交换，是保留变化的选择。

㉖前炮平三　马 4 进 6　　㉗炮五平四　马 6 退 5

进马叫将，再退马吃兵，黑方一马把红方原本就松散的防线扰得更是支离破碎。

㉘ 车九进二　卒 3 进 1

黑方大军压境，红方中路却防守空虚，红方形势堪忧。

㉙ 马六进七　马 5 进 4　　㉚ 炮四平六　车 9 平 5

㉛ 仕四进五　马 4 进 2　　㉜ 车九退二　车 5 退 3

黑方退车捉炮，看似是平等交换，但是红车位置更差，黑方又赚得一个便宜。

㉝ 车九平八　炮 2 平 5　　㉞ 仕五进四　车 5 平 3

㉟ 炮六平三　车 3 平 5

黑方伏有炮 5 平 7 得子的手段。

㊱ 帅五平四　炮 5 平 6　　㊲ 仕四退五　车 5 平 6

㊳ 帅四平五　炮 6 平 5　　㊴ 仕五进六　象 5 退 3

以后退中炮再进马作炮架，形成立体攻势。

㊵ 车八平七　车 6 进 2　　㊶ 相三进一　炮 5 退 4

㊷ 相七进九　车 6 退 2　　㊸ 车七进三　将 5 平 6

红方认负。

第五届"一带一路"成都全球象棋双人赛

2022年11月19—20日，第五届"一带一路"成都全球象棋双人赛于成都落子。比赛分国际双人组（线上）和国内混双组，共有来自12个国家和地区的32名棋坛精英参与角逐。

各组均采取分组三轮循环赛，采用《世界象棋竞赛规则》，小组第一名进入决赛，争夺总冠军。比赛奖金丰厚，国内混双组冠军奖金15万元，亚军10万元，小组第二名至四名也分别有3万元、2万元奖金，国际双人组冠军3万元。

经过两天四轮的激烈争夺，在国内混双组的较量中赵鑫鑫/时凤兰组合经过一盘慢棋和两盘快棋加赛后，艰难击败洪智/党国蕾，喜获冠军和15万元奖金，这也是赵鑫鑫与不同搭档连续第三次夺得全球双人赛冠军。在国际双人组比赛决赛中，中国澳门李梓毅/东马豪成组合击败中国沈思凡/马来西亚佐佐木雄希组合夺得冠军。

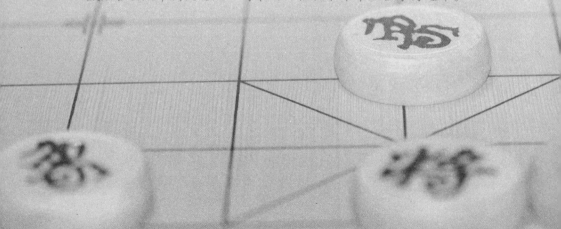

第24局　张国凤 郑惟桐 先胜 郎祺琪 孟辰

【飞相进三兵对进右马】

①相三进五　马2进3　　②兵三进一　卒3进1

③马二进三　马3进4

双人赛非常注重棋手之间的配合，特别是进入中盘棋局变化莫测，面对复杂的形势，上手一定要充分考虑下手，不要选择一些谁都看不清的变化，尤其双方限时的比赛中，两人在用时上要做好协调。

④炮二进四　马8进7　　⑤马八进九　车1进1

⑥车九进一

布局至此，红方率先脱谱，有意进入中残局的较量。

⑥……　　　　车1平6

⑦车九平六

黑方第3回合的先锋马定位并不明确，红方平车捉马准确地抓住这个弱点。

⑦……　　　　马4进3

⑧炮八平七　马3进5（图47）

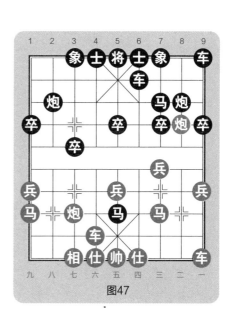

图47

进马吃相落入红方陷阱当中，黑方冷静的选择应该是马3进1交换，以下炮七进七，士4进5，车六进一，车6进6，车一平三，象7进5，炮七退二，象5退3，炮七退一，炮8平9，以后车9平8亮车，黑方局势尚可。实战中黑方轻率吃相，给红方左翼留下了突破的可能。

⑨炮七进七　　士4进5　　⑩车一进一

准备右车左调，积极有力。

⑩……　　　　车6进6　　⑪车六进一　车6平7

⑫相七进五

吃马以后，黑方的右翼成为红方的突破方向。

⑫……　　　　车9进1　　⑬车一平八　车9平6

⑭炮七平九

张国凤与郑惟桐两位全国冠军配合默契，行棋如出一人；反观郎祺琪大师与孟辰特大的配合明显有脱节的感觉，找不到局面的要点。

⑭……　　　　车6进5　　⑮仕六进五

不给黑方车6平5后对红方中路进行拴牵的机会。

⑮……　　　　车6平5　　⑯兵三进一　车7退3

⑰车六进六　车7进2　　⑱马九退七（图48）

退马保相老练，同时守住肋道不给黑方车5平4兑车的机会。至此，黑方顿时失去明确的攻击点，深陷迷茫之中。

⑱……　　　　炮8退1

⑲车六退三　炮8进1

⑳帅五平六　炮2平4

㉑车六平七　炮4平3

㉒车八进八

进车叫将，图穷匕见。

㉒……　　　　士5退4

㉓车八退一　士4进5

㉔车八平六

黑方认负。

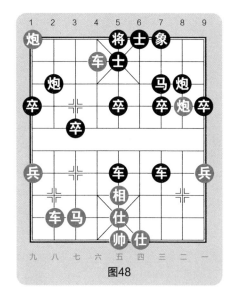

图48

第25局 党国蕾 洪智 先负 时凤兰 赵鑫鑫

【仙人指路对卒底炮】

①兵七进一　炮2平3　　②马二进三　卒3进1

③兵三进一　卒3进1　　④相七进五　马2进1

从开局的四个回合中不难看出，红方组合的两位棋手以稳为主，力图把布局尽早脱谱，形成散手局以较量中残局功力；黑方组合的两位棋手则是贯彻以快打慢的布局思路，尽力通过抢出大子、短兵相接等形式与红方战斗。

⑤相五进七　象7进5

红方不惜在局部稍亏的情况下也要吃掉黑卒，就是不给黑方过早进入战斗的机会。黑方则仍然贯彻既定思路，继续抢出大子，快速从布局过渡到中局的战斗中。

⑥马八进六　车1平2

正着，如马1进3，则马三进四，黑方也不能炮3进3吃相，否则车九平七捉双，黑方损失巨大。

⑦车九平八　马8进6

⑧车一进一　卒7进1

⑨车一平四　车2进1　　⑩炮八平七

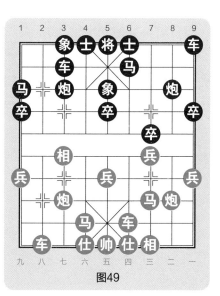

图49

平炮兑车是本局的第一次正面战斗。

⑩……　　车2平3（图49）

避兑是保留变化的选择，也是当前局面下黑方最佳的抗衡手段。如车2进8，则马六退八，炮3进5，马八进七，马6进4，车四进六，炮8退1，车四进一，炮8进1，兵三进一，车9平7，车四退一，车7进4，马三进四，红方子力位置明显要好于黑方，双方虽然暂时没有复杂的攻守，但是红方潜力很大，占有先机。

⑪ 相七退五　炮3平4　　　⑫ 马三进四　卒7进1

⑬ 马四进六

红马推进速度很快，但发展方向并不明确，由此可见上一着（第12回合）马三进四不如兵三进一更简明，以下车3进6，车四进七，车3进1，马六进四，车3平8，马四进三，炮8平7，炮二平一，红方阵形开扬，形势更易控制。

⑬ ……　　　炮4进6　　　⑭ 车四平六　车9平7

黑方过河卒得以保留，这是黑方最理想的结果。

⑮ 车六平四　车7进4　　　⑯ 马六进四　卒7进1

⑰ 马四退五　车7退1　　　⑱ 马五进六　马6进4

⑲ 相五进七（图50）

红马的位置并不理想，不如马六退七跳回来，黑方如车3平7，则炮二进二，以后可炮二平六再炮六退三，把二路炮调到一个攻守兼备的位置，做好打持久战的准备。

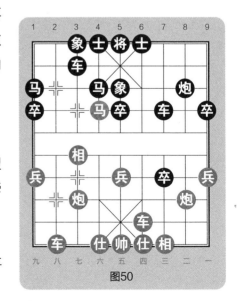

图50

⑲ ……　　　车3平7

⑳ 炮二平五

平中炮瞄住黑方中卒，希望能对黑方前车起到一定的拴牵作用。

⑳ ……　　　士4进5

黑方提前补士已经做好放弃中卒的准备。

㉑车四平二　炮8平7　　㉒炮五平六　卒7平6

㉓相三进五　卒6平5

过了河的小卒终成黑方利器。

㉔车八进三　前车进3　　㉕车二进五　前卒平4

运卒捉炮，以后黑方要平中车谋相。

㉖炮七退二　炮7平6　　㉗炮六平九　车7平5

㉘炮九进四　车5进1　　㉙仕六进五　炮6进6

凶悍，利用红方右翼的防守空当，积极进攻。

㉚车八平六　炮6平9　　㉛车六平二　车5退3

㉜炮七平六　车7进7　　㉝后车退三　炮9平5

打仕精准，黑方只用这一发炮弹就轰开了红方的防线。

㉞前车退一　象5进7　　㉟后车进二　炮5平1

㊱后车平五　车5进3　　㊲相七退五　炮1退5

㊳炮六进七　士5进4

红方少子失势，认负。

第十七届世界象棋锦标赛

第十七届世界象棋锦标赛由世界象棋联合会主办，东马象棋总会承办，古晋象棋公会及三马拉汉象棋公会协办。比赛设男子团体、男子个人、女子个人、U16 男子、U16 女子、U12 男子、U12 女子项目共七枚金牌，共有来自全球 15 个国家和地区的 110 名运动员参加。

中国队获得男子团体亚军，王天一获个人冠军，越南男队取得历史性突破，夺得男子团体冠军。女子组中，左文静以六胜一和夺得女子个人冠军，陈幸琳收获银牌，新加坡吴兰香位列第三。U16 男子组越南阮晋发夺得金牌，马来西亚陈志霖居亚军；U16 女子组越南丁陈清岚夺冠。U12 男子组中华台北谢定恒夺得金牌；U12 女子组越南队包揽了前三名，阮卓凰诗获冠军。

第26局　中国 王天一 先胜 中国 王廓

【对兵互进右马局】

①兵七进一　卒7进1　②马八进七　马8进7
③炮二平五　马2进3　④马二进三　车9平8
⑤车一进一

双方由进兵局转换成中炮横车七路马对屏风马的基本阵势。红方右车横起，是一种柔中带刚的缓攻型下法。展望前景，黑方的右翼与中路将成为红方的主攻对象。因此，黑方在制订计划时，首先要注意巩固己方防线，其次可在左翼伺机进行反击。

⑤……　　　象3进5

黑方飞象固防，通畅右车，是很标准的行棋套路。

⑥车一平四

红方平车守肋，既可以掩护右翼，又牵制黑方马7进6，左右兼顾。

⑥……　　　炮8平9

平炮不仅亮车，且在红方进车卒林时，可马7进8反击，是较为平稳的着法。

⑦兵五进一

红方冲中兵企图从中路开展攻势。

⑦……　　　士4进5　⑧炮八平九　车1平2
⑨车九平八　炮2进4

双方行棋至此，布局阶段告一段落，双方旗鼓相当，各得所需。

⑩ 兵九进一（图51）

也许有人会认为兵九进一这着棋比较缓慢，的确，这是一步等着。但这着棋是红方在没有好的突破手段时，主动把选择权让给对方。从某种角度上来讲，选择权越多，犯错的概率也就越大。同时，这着棋还有一个积极的作用，就是黑方车8进6时，红方增加了一个炮九进一的防守手段。

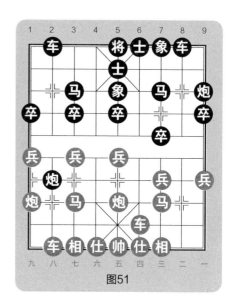

图51

⑩ ……　　　　　卒7进1

临场王廊特级大师认为2路炮的战略价值很大，决定弃卒后，加强对红方左翼的封锁，以便更好地发挥2路炮的战略价值。

⑪ 兵三进一　车8进4　　⑫ 车四进二　车8平2

⑬ 仕四进五

黑方在局部选择定型，红方现在也没有必要搅乱局势，冷静补仕，以静制动。

⑬ ……　　　炮2进1　　⑭ 炮五平四

细腻，双方交换以后红方可以相三进五调形。

⑭ ……　　　炮2平6　　⑮ 车八进五　车2进4

⑯ 炮九平四　马7进8　　⑰ 相三进五

红方这一连串的操作让黑方费尽九牛二虎之力，却难言占到了便宜。

⑰ ……　　　车2平4　　⑱ 炮四退一

红方准备炮四平一谋卒，带着多双兵的优势进入残局。

⑱ ……　　　炮9平7　　⑲ 马三进二　卒3进1

⑳ 马七进九　炮7平8

黑方发现上一着卒 3 进 1 被红方利用，于是平炮捉红方二路马，限制红方的子力发展，是正确的选择。

㉑马二退三　炮 8 平 7　　㉒马三进二　炮 7 平 8

㉓马二退三　卒 5 进 1　　㉔兵七进一　车 4 平 3

㉕兵五进一　车 3 平 5　　㉖马九进七

双方连续兑掉兵卒以后，局面看似重归平淡，但是红方制订了一个巧妙的运子计划，让黑方猝不及防。

㉖……　　　车 5 平 3　　㉗仕五进六　马 3 进 5

㉘炮四平七　车 3 平 2　　㉙炮七平五　马 5 进 3

红方调运的目的就是让黑马跳到象尖，把防守作用更大的车拦在外面。

㉚兵三进一

弃兵精准，红方打开局面的最优下法。

㉚……　　　象 5 进 7　　㉛车四进二　象 7 进 5

㉜车四进一

红方接下来伏有车四平二捉双的手段。

㉜……　　　马 3 退 4（图 52）

黑方不能炮 8 平 6，否则红方炮五进六打象，将 5 平 4，炮五退二，象 7 退 9，车四进一，马 3 退 4，车四平五，红方大优。

㉝车四平二　炮 8 平 7

㉞马三进二　车 2 进 2

㉟马七退五　车 2 平 4

㊱车二退一

红方先得一子，捞取实惠。

㊱……　　　马 4 进 3

㊲马二进四　炮 7 进 1

㊳炮五平二　车 4 进 1

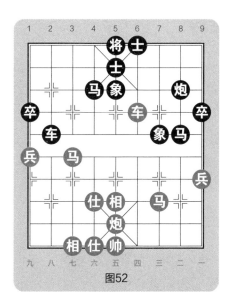

图52

㊴仕六进五　车 4 退 5

㊵车二进一　炮 7 平 5　　㊶车二平三

红方走出这着棋后，王廊特级大师见已难挽回失子失势的局面，投子认负。

第 27 局　越南 阮黄燕 先负 中国 左文静

【对兵局】

①兵七进一　卒 7 进 1　　②炮八平六

红方平仕角炮有意在局部采用反宫马的阵形结构。

②……　　　马 8 进 7　　③马八进七　象 3 进 5

柔性布局多是要形成苦斗内功的局面。黑方象 3 进 5 是一着好棋，活通 2 路马的同时配合车 9 进 1 出横车。这种并非一上来就针锋相对的布局形式更能体现出棋手对局面的掌控能力。

④相三进五　车 9 进 1　　⑤车九平八　马 7 进 6

黑方先进马封锁红方马七进六的路线，积极有力。双方由此脱离常见的谱着，大斗散手棋。常见的选择是马 2 进 4，马二进三，车 1 平 3，仕四进五，卒 3 进 1，兵七进一，车 3 进 4，马七进六，炮 8 进 3，双方对峙。

⑥马二进四　马 2 进 4　　⑦兵三进一（图 53）

越南棋手的喜攻好杀，在非华裔棋手中是贴上"品牌标签"的。这着棋一般多会走车一平三先出车，黑方如不想让红方打开三路线，可以选择炮8平7，则车三进二，车9平8，车三平四，马6进7，炮二平三，红方以后有车四进一的棋，红方主动。实战中红方选择先兑三兵，气势强大，但能否如愿打开三路线呢？

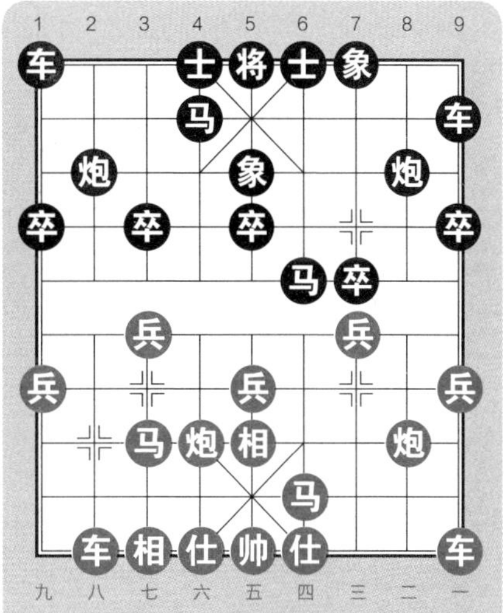

⑦……　　　卒7进1

⑧车一平三　车9平7

⑨相五进三

图53

红方不肯车三进四简化局面，用相吃卒，在三路线上留得余味。

⑨……　　　炮8平6

黑方平炮打马，是追求战斗的下法，正是利用红方相五进三的这着棋。

⑩车八进一

又是一个选择性的问题。除了实战中的车八进一保马，还有车三进一保马的下法，车三进一后显然三路车的防守压力大，但是车八进一后红方把一个位置好的八路车牵扯进来，这样选择显然更为不利。

⑩……　　　车1平3　　⑪相七进五

飞相固然使自己的阵形更为坚实，但是三路车被挡在后面，多少有些"自废武功"的嫌疑。不如兵五进一，车7平8，相三退五，棋形稍加调整，更有活力。

⑪……　　　卒3进1　　⑫兵七进一　车3进4

⑬马七退九

红方被迫退马以后，无论是子力位置还是空间控制上都亏损巨大，局势迅速恶化。

⑬……　　　车7平8　　⑭炮二平四　马6进4

⑮车三平二　车8进8　　⑯马四退二　后马进3

黑方进马给对手的压迫感很强，明确地告诉对手自己要对红方阵地发起围攻了。

⑰炮六平九　车3进2

掌握主动后黑方行棋咄咄逼人，不给对手丝毫的喘息机会，双方在局部形成对杀的局面已是不可避免。

⑱车八进五　车3平1

⑲马二进三　车1平5

⑳炮四进四　车5平1

㉑炮九进四（图54）

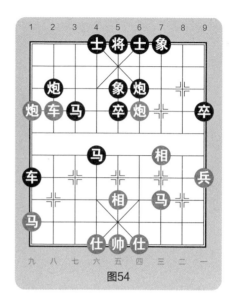

图54

守是守不住了，红方必须攻出去，炮九进四就是寻求解决问题的一种态度，双方终于进入了实质性的战斗。

㉑……　　　马3进5　　　㉒马九退七　马5进6

随着黑方马3进5和马5进6这两着棋的侵入，红方原本就薄弱的防线更显脆弱。

㉓炮九平五　士6进5　　　㉔炮五退三　马4进5

㉕马七进六　马5进7　　　㉖马六退四　车1进1

经过一番狂野的追杀，左文静大师的优势不可动摇。进车捉马从容得好像在自己的后花园里散步赏月，对红方来讲却似雷霆一击。

㉗马三退五　马6进8　　　㉘炮四平三　马8进6

㉙炮三退五　马6退5

在左文静大师的攻击下，红方的防线已然分崩离析。

㉚马五进六　马5退7　　　㉛仕四进五　车1平9

㉜炮三退一　车9退1　　　㉝马六进四　车9进3

㉞炮三平四　炮6进7　　　㉟仕五退四　马7进6

㊱帅五进一　车9平6　　　㊲车八进一　马6进7

红方认负。

亚洲杯象棋团体网络赛

由亚洲象棋联合会主办、中国象棋协会承办的2022年亚洲象棋团体网络赛于12月17日在天天象棋网络对弈平台结束。特级大师孙勇征和大师赵玮、蒋融冰组成的中国象棋协会一队夺得男子团体冠军。

本次比赛设男子团体和女子个人两个项目，均采用5轮积分编排制。在男子团体赛中，每队由3名棋手组成，共有10支代表队、30名棋手参赛。根据竞赛规程的补双规定，中国象棋协会选派两支队伍参赛。中国象棋协会一队由上海市象棋协会组队，由孙勇征、赵玮和蒋融冰组成。最终他们在5轮比赛中未失一局，夺得男子团体冠军。中国象棋协会二队由杭州市棋类协会组队，选派张轩杰、叶梓涵、郑奕宸等3名优秀的年轻棋手参赛，平均年龄只有12岁。本次比赛对他们而言是一次增加比赛经验和增长见识的机会，最终他们获得第六名。

在女子个人方面，共有6支代表队的12名棋手参赛。中国象棋协会队由大师王铿携手小将张佳雯出战，这两位棋手同属大白上海队。最终张佳雯获得亚军，王铿获得第四名，冠军和季军分别被印度尼西亚和新加坡棋手获得。

· ·

第28局　马来西亚 黎德志 先和 中国 孙勇征

· ·

【中炮左边马对屏风马】

①炮二平五　马8进7　　②马二进三　车9平8

③车一平二　马2进3

本届赛事第4轮时，马来西亚队与中国队狭路相逢。三轮比赛结束后，中国队三战全胜积6分，独自领跑；马来西亚队积4分，紧随其后。本轮正面交锋无论是对马来西亚队还是中国队来说都是至关重要的一轮卡位战。作为马来西亚的头号得分手黎德志大师这盘棋的担子要沉重了许多。反观中国队，孙勇征、蒋融冰、赵玮三人均积5分，实力平均，面对马来西亚队，只要第1台不输，后两台实力要明显占优。所以这盘棋孙勇征特大在心态上显然要更放松一些，开局阶段以屈头屏风马应战，显示成竹在胸。

④兵三进一　卒3进1

黑方挺卒是必走之着，否则红方再挺七路兵成两头蛇阵势，黑方双马受制。

⑤马八进九　卒1进1　　⑥车九进一　卒1进1

⑦兵九进一　车1进5

黑方通过冲边卒将右车开赴河沿要线，虽亏损一步棋，却防住了红方三路马的跃出。

⑧炮八平七　马3进2

双方还原成常见的五七炮进三兵对屏风马挺３卒黑方大出车的局面。

⑨车九平四

红车过宫守肋准备立即策马进击。另一重要变例是先车二进四保留三兵这个有生力量，再徐图进取。

⑨……　　　车１平７　⑩马三进四　象３进５（图55）

黑方飞象加强中路防守，正着。实战中，孙特大在这着棋上还是花了一番心思的，常见的构思是顾忌右翼的防守问题而走象７进５，以下车二进六、士４进５，黑方利用"花士象"来解决棋形协调问题，以下红方马四进六、卒５进１、车四进五、车７平４、车四平八、马２进１、炮七退一、炮２平４、马六进七、马１进３，双方大体均势。

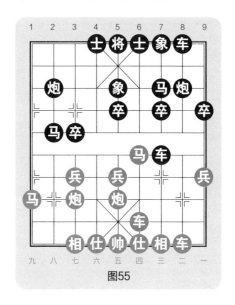

图55

⑪马四进五　　马７进５

⑫炮五进四　　士４进５　　⑬车二进五

实战中红方也抓住黑方棋形的特征，进车以后待机右车左移，寻求进攻。

⑬……　　　车７退１　⑭车二退二

红方避兑保留局面复杂的机会。不过看到这里笔者不免有一个疑问，红方是不是在上一个回合（第13回合）直接走车二进三更好呢？黑方如续走车７进４，则炮七平二，形成一个牵制，红方更有利。实着中的走法让黑方退车，发挥出巡河车灵活的策应作用，红方显然是亏了。

⑭……　　　卒３进１

弃卒这着看起来很"冷"，但是仔细品味这着棋的作用还是非常明显的。红方如兵七进一，则马 2 进 4，炮七平五，马 4 退 5，炮五进四，车 7 平 5，炮五平八，卒 7 进 1，车四进三，炮 8 进 2，相三进五，车 8 进 3，以后再车 8 平 4，黑方阵形坚固，红方虽有优势但是很难转化为胜势。

⑮ 炮七进二

打卒就是出于上面推演着法的考虑，仍在积极保持局面的复杂性。

⑮ ……　　　　炮 8 进 2　　　⑯ 车二平四　炮 2 退 2

⑰ 炮七平九　炮 2 平 1

面对红方上一着平炮叫杀的攻击手段，黑方平炮拦截，从容不迫。

⑱ 炮五退二

稳健，红方如改走炮九平二，则炮 8 平 9，炮二平五，车 7 进 5，前炮平一，炮 1 进 6，双方形成开放型局面，红方不易控制。

⑱ ……　　　　炮 8 进 5　　　⑲ 前车进三　车 8 进 6

黑方通过沉底炮、进兵林车拓展空间，意图削弱红方中炮的威胁。

⑳ 前车平八　车 8 平 5　　　㉑ 车四平五　车 5 平 4

平车占据肋线好棋，黑方棋形的弱点不仅得以消除，反而可以利用红方窝心车来制造攻击的机会。

㉒ 车五平二　将 5 平 4

弃炮抢攻，孙特大抓住机会，连续抢先。

㉓ 仕六进五　炮 1 进 7　　　㉔ 相七进九　车 7 进 5

㉕ 车二退一　车 7 平 8　　　㉖ 车八退一　车 8 退 2

迫使红方一车换二后再退车捉相，黑方双车似双龙出海，把红方后防搅动得十分不安。

㉗ 车八进四　将 4 进 1　　　㉘ 车八退一　将 4 退 1

㉙ 车八进一　将 4 进 1　　　㉚ 相九进七　车 8 平 3

行棋至此，黑方这套组合拳打得是"拳拳到肉"，杀伤力极强。

㉛车八退九　车 3 退 1　　㉜炮五退二　车 3 平 1

㉝车八进八　将 4 退 1　　㉞车八进一　将 4 进 1

进将随手，黑方应走象 5 退 3 弃象，以下炮五平六，车 4 平 5，炮九平八，车 1 平 2，炮六退二，象 7 进 5，黑方以后卒 7 进 1，大占优势。

㉟炮九平八　车 1 平 2　　㊱炮五平六

黑方忽略了将位不安的弱点，就给红方透松局面的机会，也正是这个机会成为黎德志大师的救命稻草。

㊱……　　　士 5 进 4　　㊲炮八进二　车 4 退 3

㊳炮八退一　车 4 进 1　　㊴炮八进一　车 4 退 1

㊵炮八退一　象 5 进 7

令黑方痛心疾首的一着棋，黑方应走车 4 进 1，炮八进一，车 2 退 2，双车生成霸王车，压缩红方子力的活动空间，以后再卒 7 进 1，开展攻势。

㊶炮六退二（图 56）

退炮失去了对黑方肋线的牵制，刚刚透松的局面又趋向紧张。就棋而论，红方宜走车八退三，则车 4 进 3，车八平三，车 2 退 2，车三平一，车 2 平 5，车一进二，将 4 退 1，炮六退二，红方有机会谋和。考虑全队整体战力，黎德志大师放弃这路平稳的走法，仍在寻找战机。

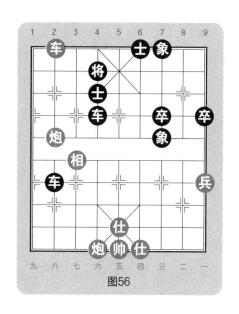

图56

㊶……　　　将 4 平 5

黑将顺利平中，红方牵制战术失去效果。

㊷炮八退一　车 4 平 3　　㊸相七退五　车 3 进 4

㊹车八退三　车 3 平 5　　㊺车八平三　车 2 退 1

黑方要保持纠缠，可以车 2 平 9 吃兵，红方和不干净。但是孙勇征特大看到队友赵玮大师已经战胜李家骏大师，蒋融冰大师与方仕杰大师形势平稳，和势已呈，果断选择退车吃炮。

㊻车三平一

双方战和。

第29局　中国 孙勇征 先胜 中华台北 刘国华

【顺炮直车对缓开车】

①炮二平五　炮 8 平 5

本届亚洲团体赛中，中国队的劲敌之一就是刘国华特级国际大师领衔的中华台北队。本局中，刘国华面对孙勇征特级大师时，在布局阶段选择顺炮布局，有意避开常见套路，应是有所准备。

②马二进三　马 8 进 7　　③车一平二　卒 7 进 1

面对红方的中炮直车，黑方不走常规的横车而改走进 7 卒，这种阵法兴起于 20 世纪 70 年代。其最初的用意是使当时风头正劲的两头蛇阵势走不出来，把棋局引入陌生的新战场。由于这种阵法变化丰富，对抗性强，在历经多年研究、实战之后，已发展成规模不亚于以横车对抗直车的布局体系。

④马八进七　马 2 进 3

黑方同样跳正马应着针锋相对，颇具弹性。

⑤兵七进一　炮 2 进 4

伸炮过河，是黑方缓开车而采取的反击手段之一，下法积极并富有弹性。

⑥马七进八

红方进外马，含有封黑方右车之意。这是一种稳步缓攻的着法，也是目前十分流行的布局战术。

⑥……　　炮2平7（图57）

形成顺炮直车对缓开车的阵势。黑炮直接打兵，是河北棋手喜用的走法。一般多走车9进1，车九进一，车9平4，仕四进五，炮2平7，车九平七，双方另有攻守。

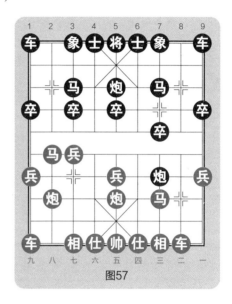

图57

⑦相三进一

飞相削弱黑炮的作用，解放右车，走法坚实。

⑦……　　车9进1

⑧车二进四

红方如车九进一，则车9平6，车九平七，车6进4，黑方可对抗。

⑧……　　车9平4　　⑨车九进一　士4进5

⑩仕四进五　象3进1

黑方飞象着法厚重，强化3路线上防守力量的同时又兼顾1路车的出路，这着棋应该是刘国华特级国际大师祭出的飞刀。以往黑方多走炮5平6，以下车九平七，象7进5，马八进七，车1平2，炮八平六，车4进5，黑方主动。

⑪车二平四　车4进3　　⑫车四退一

退车捉炮，诱敌之招。利用捉炮之机吸引黑方车、马、炮三子，构思精巧。

⑫……　　马7进6

坏棋，宜走马7进8，以下马八进七，车1平2，炮八平七，炮5平7，双方对峙。实战中，黑方进肋马加重4路车防守负担，孙特大敏锐地抓住黑方这一弱点，巧设伏击，迅速确立优势。

⑬ 车九平七

这是上一着退车捉炮的后续手段。

⑬······　　　炮5平6

黑方平炮打车急于摆脱牵制，却误入红方的伏击圈。

⑭ 兵七进一

见黑方已经深陷泥潭，红方展开第一波攻势。

⑭······　　　车4平5（图58）

只此一着，黑方如车4进1，则车四进二，车4平2，兵七进一，车2进2，兵七进一，车2退4，车四平三，炮6进6，车七进三，炮6平7，车三进四吃象，红方胜势；又如车4平3，则车七进四，卒3进1，车四进二，卒3进1，马八进九，马3进1，炮五进四，炮6平5，车四退二，马1退3，炮五退一，车1平2，炮八平五，车2进3，车四平三，红方得子。

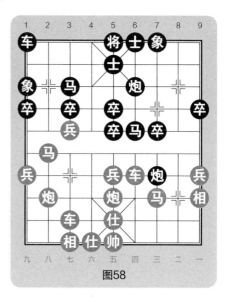

图58

⑮ 兵七平六　炮6进4　　⑯ 兵六平五　卒5进1

⑰ 炮五进三　象7进5　　⑱ 车七进五　马3退4

⑲ 马八进六

红方攻击如行云流水，丝毫不给黑方喘息的机会。

⑲······　　　象1进3　　⑳ 车七退一

红方吃象先得实惠，也可炮八进四继续封压。

⑳······　　　车1平2　　㉑ 车七进一

红方弃炮又是让黑方面临进退两难的抉择。

㉑…… 车2进7 ㉒马六进八 炮7平5

万般无奈的选择，黑方希望通过一车换双延缓红方攻势。

㉓马三进五 车2退4 ㉔车七平八 马6进5

㉕车八平四 炮6退2 ㉖相七进五

已经形成有车攻无车的局面，红方利用飞相控制黑方中路，再次在局面中形成牵制。

㉖…… 卒1进1 ㉗炮五退一 炮6平2

㉘帅五平四 马5进7 ㉙帅四进一 炮2平5

㉚兵一进一 马4进2 ㉛车四退四 马7退8

㉜相一进三 卒7进1 ㉝相五进三

红方这两个回合处理得非常简明，利用消耗继续控制局面。

㉝…… 马8退7 ㉞车四进四 马7退8

㉟炮五进三

确保后防无忧后，红方再次发动进攻。

㉟…… 将5平4 ㊱炮五平三 马8进6

㊲炮三平二 炮5平7 ㊳仕五进四 炮7退4

㊴帅四平五

面对黑方的全力防守，红方调整帅位，准备发挥双仕的助攻作用。

㊴…… 炮7平8 ㊵帅五退一 炮8进1

㊶仕六进五 炮8退1 ㊷仕五进六 炮8进1

㊸炮二退六

红方子力调整到位，退二路炮，图穷匕见！

㊸…… 马2进4 ㊹炮二平六 炮8平6

㊺车四平五 马6进7 ㊻车五退一 马7进9

㊼车五平九

红方保留的九路边兵是压倒黑方的最后一根稻草。

㊼…… 马9退8 ㊽相三退一 马8退6

㊾炮六进六

以下黑方如士 5 进 4，则车九进四，再车九平四，红方胜定，双方对局至此，黑方投子认负。

第 30 局　中国 孙勇征 先胜 中国澳门 陈嘉俊

【五七炮对屏风马互进三兵（卒）黑边卒右马外盘河】

①炮二平五　马 8 进 7　　②马二进三　车 9 平 8

③车一平二　马 2 进 3　　④兵三进一　卒 3 进 1

⑤马八进九　卒 1 进 1　　⑥炮八平七　马 3 进 2

⑦车九进一　卒 1 进 1

黑方兑卒通车，既可起到控制骑河线的作用，又能顺势攻击红方左翼，是打开局面的下法。

⑧兵九进一　车 1 进 5　　⑨车二进四

双方迅速布成五七炮进三兵对屏风马挺 3 卒的阵形。

⑨……　　　　象 7 进 5

黑方补象使阵形更为厚实，稳健可取。

⑩车九平四

红方横车过宫准备进三兑车或进五抢占卒林。如车九平六，其目的是使黑方的骑河车无好点可落，下一步将续走炮七退一攻黑车。同样是横车平肋，但左右肋道的差异所反映出的布局发展方向是截然不同的，这也正是象棋的魅力所在吧。

⑩……　　　　士 6 进 5

黑方补士稳固中防，但此处只可补左士。若士 4 进 5，则车四进三，车 1 进 1（车 1 平 6 兑车则花士象不利防守），兵七进一，炮 2 平 3，兵七进一，炮 3 进 5，马三退五，红方先弃后取，占优。

⑪ *炮七退一*

红方不待黑方走马 2 进 1 便事先退炮，以后可利用下二路通道择机运炮，肋车未必过河，这是一路锋芒内敛的战法。

⑪……　　　　炮 2 平 3（图 59）

平炮这着棋不知是陈嘉俊事先准备的新着还是临场的应变，这着棋以往全国大赛中尚未出现。从棋理上分析，我们先来看 3 路炮具不具备攻击属性。方案 1 是黑方马 2 进 3，则车四进五，炮 8 平 9，马九进七，炮 2 进 4，车二进五，马 7 退 8，炮七平三，红方略优。方案 2 是卒 3 进 1，则炮七平九，马 2 进 1，炮五平七，炮 8 进 2，车四进三，红方略优。两种方案都是建立在黑方继续走

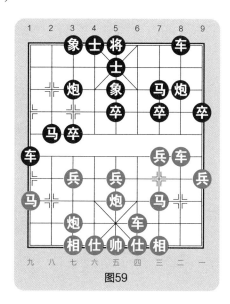

图59

子的基础上，黑方尚且无法取得攻击效果，自然我们可以判定黑方炮 2 平 3 这着棋攻击属性不明确或者说不具备攻击属性，这样我们再转而研究这着棋的防御属性。红方炮七退一以后对黑方 3 路线有没有明显的牵制呢？首先，兵七进一的下法是最不可能的，黑方简单的一着车 1 平 3，红方就无计可施了。炮五平七行不行呢？马 2 进 1 后，红炮还要调整，显然这也不是一着可行的计划。既然红方炮七退一以后对黑方 3 路线没有明确的攻击，那么黑方炮 2 平 3 这着棋也没有必要进行防守。既然炮 2 平 3 在攻击或者防守上的作用都不明显，那我们在棋理上就可以得到结论，这是一步缓着。黑方理想的选择还是车 1

平4或炮8平9、炮8进2这样流行的着法为佳。

⑫车四进三

既然黑方"让"了一先棋，红方自然不肯放过送上门的礼物，进车邀兑，着法紧凑。

⑫……　　　车1平6

如果先前黑方不走炮2平3而直接走车1平4，那在红方进车邀兑时，黑方还有车4进1或车4进3保留变化的机会，现在黑车自然不甘心退回边路或者车1进1受困在边线，只能接受兑车。

⑬马三进四

红方兵不血刃便占到了一个大便宜。

⑬……　　　炮8平9　　⑭车二进五　马7退8

⑮炮五进四

如果说前面红方取得的优势是子力位置上相对抽象的存在，现在炮打中卒后优势则要实在多了，物质力量上多一兵，在无车局面中的优势是很大的。

⑮……　　　马8进6　　⑯炮五平一

顺势扫掉黑方边卒，红方在这样"四马炮"的残局中显然弈得更为得心应手。

⑯……　　　炮9进4　　⑰相七进五　炮3进4

⑱炮一退一　卒3进1（图60）

黑方行棋计划上的粗枝大叶，与红方的精打细算形成鲜明对比。黑方此时无论如何也应先卒7进1解决掉对头兵问题再考虑3路线的攻守问题。试演一例：卒7进1，兵三进一，马6进8，兵三平二，马8进9，兵二平一，炮3平4，炮七平四，卒3进1，马四进二，卒3平4，盯住红方中兵，黑方足可抗衡。

⑲炮七进三　马6进8　　⑳炮一平五　马2进1

㉑马九进七　炮9平3　　㉒马四进三　马1退3

㉓相五进七

双方交换以后，本局残局阶段双方的子力构成已经基本确定了。

红方马炮双兵仕相全对黑方马炮士象全，这个残局在理论上红方是例胜局面。

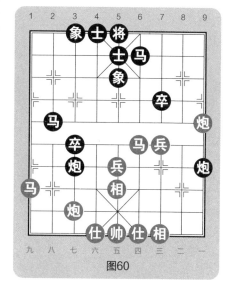

图60

㉓…… 马8进6

㉔炮五平四 炮3平2

㉕相七退五 炮2退3

㉖马三退四

红方从这一回合起，连续运马，调整子力位置，为后续进攻创造条件。其实，我们在研习大师、特级大师对局的时候，会发现对局中有大量着法既非进攻性着法也非防御性着法，这些着法就是所谓的"整理性着法"，即双方调运子力的轨迹。而这些技巧和思路正是我们要重点学习的内容。

㉖…… 炮2进1 ㉗马四退六 炮2平3

㉘兵五进一 炮3平2 ㉙仕六进五 炮2平1

㉚马六退八 炮1平3 ㉛马八进七 象3进1

㉜马七退六 炮3平2 ㉝炮四退四 马6退4

㉞马六进七 象1进3

黑方的防御计划就是最大限度地阻止红兵过河，而红兵如何顺利渡河参战，正是红方要谋划的攻击方案，双方作战的焦点就在于此。

㉟炮四进五 象5退3 ㊱炮四平六 马4进2

㊲兵五进一 炮2进1 ㊳马七退六 炮2退1

㊴兵五进一 马2退4 ㊵马六进五 象3退1

㊶兵三进一 炮2退1 ㊷炮六退三 炮2进1

㊸兵五平六 马4退6 ㊹炮六平五

红方双兵过河后，可以选择的攻击方法就很多了，这对于特级大师这个级别的棋手来讲，几乎是毫无难度的残局。

㊹…… 将5平6 ㊺炮五平四 将6平5

117

㊻马五进四　　炮 2 退 3　　㊼炮四平五　　将 5 平 6

㊽马四退二　　马 6 进 8　　㊾马二进三　　将 6 进 1

㊿兵三平二

平兵困住黑马，继续压缩黑方空间。

㊿……　　　　士 5 进 6　　51兵六进一　　将 6 平 5

52兵二进一　　马 8 退 7　　53马三退四　　将 5 退 1

54兵六进一　　炮 2 退 1　　55兵二平三　　炮 2 进 2

56兵三进一

黑方认负。

"华东大峡谷杯"第四届全国象棋棋后赛

由中国象棋协会主办的相约廊桥·2022"华东大峡谷杯"第四届全国象棋棋后赛于11月7—10日在浙江省温州市泰顺县开幕。比赛分为预赛、决赛两个阶段。预赛阶段进行5轮积分编排赛，前8名晋级决赛；决赛阶段采用交叉淘汰制，共分成2组，其中预赛第1至4名决前四名，预赛第5至8名决后四名。决赛将采用两局分先制，首局抽签决定先后手，次局换先，局分多者胜出。如果两局战平，则加赛快棋。

预赛过后，北京棋手刘欢、河北棋手张婷婷同积8分率先晋级，四川棋手梁妍婷以7分位列第三名，而积6分的棋手有3位，作为本届赛事中年龄最小的棋手，19岁的王文君凭借小分优势，首次参加棋后赛便跻身前四。决赛中，首次参赛的中国棋院杭州分院"00后"小将王文君战胜梁妍婷大师夺冠，成为新一任"棋后"。

第31局　北京 刘欢 先胜 河北 张婷婷

【起马转中炮对进7卒】

① 马八进七　卒3进1　　② 炮二平五　马8进7

③ 马二进三　车9平8　　④ 车一平二　马2进3

⑤ 兵三进一　炮8进4

双方由起马对挺卒局转换成中炮进三兵对屏风马挺3卒布局的典型局面。黑方左炮封车，以往的布局理论认为此时封车嫌早，应走象7进5，红方如炮八进四，则马3进4，可形成对抗之势。近年来，河北队对这个布局变例进行挖掘，认为此时左炮封车也是可行之策，赵殿宇大师、苗利明大师、张婷婷大师、王子涵大师等多次采用，取得了不错的实战效果。

⑥ 马三进四

红方跃马河口，暗伏冲兵逐炮并控制黑方右马的出路。

⑥ ……　　　车1进1

黑方起横车是对攻之着，也是近年来改进后的下法。以往黑方多走炮8进1在局部抢一个先手，红方炮八进四弃子抢攻，以下象3进5，马七退五，马3进2，马五进三，红方阵形厚实，布局满意。现在黑方起横车后，主动给红方冲三兵抢攻的机会，意在把局面引导到一个复杂的对攻态势之中。

⑦ 兵三进一　炮8进1

进炮打马是一个局面转换点，正是这着棋的存在，黑方才可以起横车作战。

⑧炮八进四　车1平6（图61）

黑方平车捉马保持行棋节奏
的紧凑。这里要注意，红方有一
个弃子抢先的变例，黑方如炮8
平3，则车二进九，马7退8，车
九进二，炮3进1，炮八平七，
炮2进4，马四进六，车1进1，
兵三进一，黑方子力受制，红方
三路兵过河作为红方的附带价值，
其战略作用很高，红方满意。

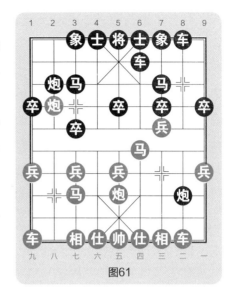

图61

⑨马四进三　车6平4

双方行棋至此，黑方已经取得满意的局面。眼看着张婷婷大师就
要取得领先，接下来的棋局却突然出现了一个转折。本来黑方象3进
5就可稳稳地把局势控制下来，现在却左车右调，平静的局面顿时起
了波澜。

⑩炮八平七　车4进2　　⑪车九平八　车4平3

⑫车八进七

黑方虽吃掉红炮，却让红方左车深入腹地，实是"引狼入室"之
举。接下来，黑方要为这个不成熟的计划付出代价。

⑫……　　　　炮8平3

已是箭在弦上不得不发，黑方如象3进5，则马七退五，象5进
7，马五进三，炮8平5，车二进九，马7退8，相七进五，象7进5，
后马进二，黑方亏损，并且是没有反弹力的"血亏"。

⑬车二进九　马7退8　　⑭马三进四　士4进5

担心红方有马四退六再兵五进一的攻击手段，黑方被迫弃马解危。

⑮车八退五　炮3进1　　⑯车八退一　炮3退1

⑰车八进一　炮3进1　　⑱车八退一　炮3退1

⑲车八平二

红方不走马四进二吃马反而平车捉马似乎有舍近求远的感觉。其实，这正是刘欢大师构思精巧之处。首先红方如马四进二吃马，黑方可以炮3平4，接下来马二退三，象3进5，黑方通过这两着棋把不协调的阵形调整好，红方取胜难度大增。其次，车八平二后黑方如马8进9逃马，则炮五平三，马9退7，车二进七，红方增加攻击手段，所以黑马是逃不掉的。在确定黑马不能逃离的前提下，红方四路马位置就非常重要了，如果马四进二就相当于用"活"马去换掉黑方"死"马，红方显然不会这样处理的。

⑲……　　　卒3进1

黑方冲卒想利用红方兵七进一，车3进2的机会改善车位，但是红方直接无视了黑卒的挺进，让黑方更难处理。

⑳车二进八　卒3进1　　㉑车二平三　车3进2

㉒炮五平一

红方平炮准备三子归边，从逻辑上看是没有问题的，但这个攻击方案的速度太缓了，从而错失一举确立胜势的大好机会。红方严厉的选择是车三退二，将5平4，车三平六，将4平5，车六退一，车3退1，兵三进一，车3平7，兵三平四，以后马四退五，红方优势进一步扩大。

㉒……　　　车3平6

张婷婷大师太能扛了，从布局落后到中局受攻，再到抓住时机调整3路线的棋形，直至此时依然阵脚未乱。

㉓车三退一　卒3平4（图62）

刚刚缓过一口气的张婷婷大师，在读秒声中出现判断失误，黑方应走将5平4，则炮一进四，象3进5，马四退三，炮3平7，车三退一，马3进4，这样转换下来，红方的损失不小。

㉔炮一进四　将5平4　　㉕车三退一

退车捉马，红方率先找到破局的办法。

㉕……　　　车6退4　　㉖车三平七　炮3平8

㉗车七进二　将4进1　　㉘车七退一　将4进1

㉙车七退二

红方再得一象后退车吃卒，准备"收网"。

㉙ ······　　　　　车 6 进 2

㉚ 炮一退二　　　卒 4 平 5

㉛ 仕六进五　　　将 4 退 1

㉜ 车七平九

扫卒以后，红方继续以多兵优势在胜利的天平上又增添了一块砝码，以下残局难度不大，胜负已经失去悬念。

㉜ ······　　　　　士 5 进 4

㉝ 车九平六　　　炮 8 退 1

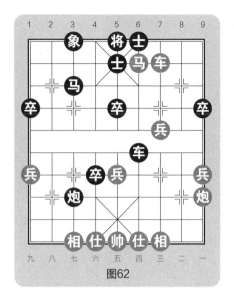

图62

㉞ 兵九进一　　　炮 8 退 1　　　㉟ 兵九进一　　　士 6 进 5

㊱ 兵九平八　　　将 4 退 1　　　㊲ 兵八平七　　　将 4 平 5

㊳ 车六退二　　　炮 8 退 3　　　㊴ 车六平二　　　炮 8 平 9

㊵ 车二进五　　　士 5 退 6　　　㊶ 炮一平五　　　士 4 退 5

㊷ 车二退二　　　后卒进 1　　　㊸ 炮五进四

黑方认负。

第32局　杭州 王文君 先胜 四川 梁妍婷

【仙人指路转左中炮对卒底炮飞左象】

①兵七进一　　　炮 2 平 3　　　②炮二平五　　　象 3 进 5

③相七进九

双方以仙人指路对卒底炮布局列阵。红方飞边相这着棋最早是2006年"威凯房产杯"全国象棋排名赛庄玉庭特大对阵李智屏大师时，庄特大祭出的一把飞刀。飞边相的好处在于红方可以解决左马的出路。以往如马二进三，卒3进1，红方只能马八进九屯边。现在通过飞边相，红方既可以通过炮八平六再马八进七出正马，也可以马八进六跳拐角，丰富了红方左翼子力出动的方式。

③……　　车9进1

起横车是针对相七进九后，红方左翼子力出动缓慢而设计的着法。其基本构思是以后红方如续走马二进三，则车9平2，炮八平六，车2进7，车一进一，炮8进6，炮五退一，以下黑方有炮3平2或车2退1两种攻法，黑方都可形成复杂的缠斗局面。

④炮八平六　　车9平4

红方左翼已动，再走车9平2就有落空的嫌疑。此时红方可以马八进七，则马2进4，马二进三，车2进5，车九平八，车1平2，车八进三，车2进6，车一平二，红方阵形协调，黑方反而不利。

⑤仕四进五　　车4进5

进车兵林线是梁大师首创的着法，其目的是为了以后抢到马2进4这着棋。常见的选择是马2进1，马二进三，车1平2，马八进七，马8进9，车一平二，士4进5，车二进四，车4进5，红方稍好。实战中黑方构思在于车2进5和马2进4这两着棋上，那么实战中走出来的效果到底好不好，我们可以通过后续的着法进行对比。

⑥马二进三　　马8进9　　　⑦车一平二　　马2进4

⑧车二进四

红方六路炮是左翼阵形的支撑点，不能炮六进六换马。试演一例：炮六进六，车4退5，炮五进四，士4进5，兵五进一，车1平2，马八进七，卒9进1，车二进六，车4进3，黑方阵形工整，红方反而没有明显的攻击点，黑方满意。初、中级爱好者一定要注意布局阶段子力出动的整体性，要明白布局的根本目的不是为了和对手直接开战的，是为了开战进行准备而展开的子力调动。

⑧……　　　　车1平2

⑨马八进七　卒9进1

⑩车二平六（图63）

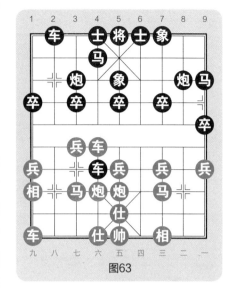

图63

实战中王文君大师经常长考，准确抓住局面的关键点。如果此时黑方4路马在边路，那么红方多半要走马七进六，而不能走车二平六兑车（假定第7回合黑方改走马2进1的棋形下），否则黑方可以续走车4平3，车九平八，士4进5，兵三进一，马9进8，车八进九，马1退2，车六进二，马8进7，炮五平四，车3平5，黑优。当前局面下，红方平车邀兑，黑方不得不接受兑车，这样红方抢得一个位置很好的盘河马。

⑩……　　　　车4退1　⑪马七进六　马4进6

⑫马六进五

布局至此，不能说红方优势有多大，取得什么立竿见影的效果，但至少红方获得了一个满意的局面，在局面中抢得一个先手。

⑫……　　　　炮3平1　⑬车九平七

黑方平炮虽然以后有炮1进4打出去的机会，但放弃对红方七路线的牵制，红方顺势走相位车，水到渠成。由此可见，黑方应改走炮3退1更扎实一些。

⑬……　　　　马9进8　⑭兵三进一　马8进7

⑮车七进三　马7进5

红方中炮、中兵对黑方潜在威胁很大，黑方从安全角度出发，采用以马换炮的方案。

⑯相三进五　炮8进5　⑰相九退七　车2进4

⑱兵五进一

红方进兵一着两用，既支援中马，又打开车路。

⑱ ……　　　 车 2 平 8　　　 ⑲ 车七平四

黑方车 2 平 8 是对红方设计的一个"小考验"。红方平车策应一下，稳健。如红方寻求更多的进攻机会，可以选择车七平六，士 4 进 5（如炮 8 平 9 则炮六进七，红方大优），炮六平七，卒 3 进 1，兵七进一，象 5 进 3，炮七平九，红方进攻机会要更多一些。

⑲ ……　　　 炮 8 平 9　　　 ⑳ 车四退三

如果车七平四可以视为稳健，那么车四退三这个方案就有些保守了。可以考虑马五退六，炮 9 进 2，马六进七，炮 1 平 3，车四进三，以后兵五进一，红方更积极。

⑳ ……　　　 士 4 进 5　　　 ㉑ 车四平一　　炮 9 平 8

㉒ 车一平二

本局是双方决赛的第一局，王文居大师又是执红先行，压力很大。从实战的进程来看，红方从第 19 回合起行棋方案相对保守，有利的一面是红方阵形更加厚实，黑方没明确的反击点。棋手在着法选择上，每步棋或者每个方案都会受到积分形势、棋风、性格等因素所影响，所走出着法不一定是局面中最精确的着法，但一定是其认为最容易控制的着法或方案。正如前面我们分析的那样，红方在着法选择上似乎是错过几次积极进攻的机会，而显得较为保守，不过这仅是从评注角度为读者提供一些可以选择的方案，而不代表棋手的选择是非理性的，除非是较为明显的漏着或败着。

㉒ ……　　　 炮 1 进 4（图 64）

黑方太想获得局面补偿了，炮打边兵以及接下来的炮 8 进 1 压车，明显是为了弥补车炮受牵和 6 路马位置不佳的弱点，而采用的冒进方案。黑方冷静的选择是先解决车炮受牵的问题，这是黑方当前局面的最大弱点。应先走车 8 退 1 生根，红方马五退六（如马三进四，则炮 8 平 4 交换，局面平淡），炮 1 进 4，马六进七，炮 1 退 1，黑方足可抗衡。

㉓ 马三进四　　炮 8 进 1　　　 ㉔ 兵三进一　　车 8 进 1

㉕兵三进一

黑方不仅没有解决车炮受牵
的问题，还白过河了一个红方的
三路兵。

㉕……　　　炮1平5

㉖马四退三　车8平5

黑方只能被动接受局势的转
换。如炮5平7，则兵三平四，
马6退8，炮六退一，炮8退1，
炮六进三，车8进1，炮六进二，
以后红方还有马三进五的机会，
红方大优。

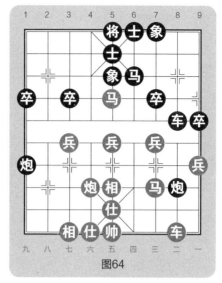
图64

㉗车二进一　车5退2　　㉘兵三平四　车5平6

㉙马三进五

红方净得一炮，黑方守和困难。

㉙……　　　车6进3　　㉚马五进六　车6平9

㉛车二平四　卒3进1　　㉜兵七进一　象5进3

黑方解决掉红方双兵，局面虽有简化，但是压力仍然没有得到有
效缓解。

㉝马六进四　象3退5　　㉞车四进四　卒9进1

㉟车四退一　卒9平8　　㊱炮六进二

红方不用车吃卒，多花一步棋用炮打卒，构思精巧。黑方如卒8
进1则炮六平五，黑车难以回防。

㊱……　　　车9退2　　㊲炮六平二　车9平7

㊳车四平八　象5退3　　㊴炮二平五　象7进5

㊵马四进六　将5平4　　㊶车八平六

黑方认负。王文居大师取得决赛第一盘棋的胜利。

第33局 四川 梁妍婷 先负 杭州 王文君

【五七炮对屏风马互进三兵（卒）黑边卒右马外盘河】

① 炮二平五　马8进7　② 马二进三　卒3进1

第一盘棋梁妍婷大师失利之后，已无退路。本局梁大师放弃试探性的柔性布局，架中炮攻击指向很浓。实战中，王文君大师选择先进3卒的下法，就是有意避开复杂激烈的进七兵体系，想把局面稳下来。两员女将在布局前两个回合，就把对局的策略和想法表露无遗。

③ 车一平二　车9平8　④ 兵三进一　马2进3

⑤ 马八进九　卒1进1　⑥ 炮八平七　马3进2

至此，形成五七炮进三兵对屏风马进3卒的阵势。

⑦ 车九进一　车1进3　⑧ 车九平六　象3进5

黑方飞右象是上一回合进卒林车的续着。黑方通过高车、飞象两着棋逐步巩固中路防守。

⑨ 马三进四（图65）

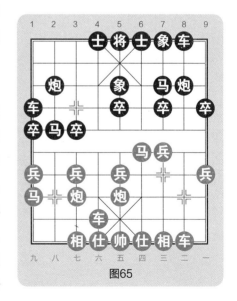

图65

红方先走马三进四是五七炮进三兵对屏风马挺3卒飞右象变例中最为激烈的一种选择，红方坚持把"斗"的意图贯彻到底。如先走车二进六，黑方可走炮8平9兑车，红方车二进三兑车，局面简化，向激烈局面发展的愿望落空。如车二平三避兑，局势相对复杂，黑方反击机会较多，红方不易控制。

⑨……　　　马2进1

黑方马踏边兵，旁敲侧击；着法有力！

⑩车二进六

红方进车卒林线，利用先弃后取战术，加快进攻节奏。

⑩……　　　马1进3　　⑪马九进八　车1平2

⑫马八退七　炮8平9

平炮兑车逼红方表态，如士6进5红方可以马四进六，炮8平9，车二平三，车2平4，兵七进一，卒3进1，马七进九，红方子力出动速度要更快一些，黑方明显处于守势。

⑬车二平三　车8进9　　⑭马七退五

红方准备通过马五进三加强右翼的进攻力量。

⑭……　　　炮9退1　　⑮车三平四

红方平车准备三路兵过河，继续挑起争端。

⑮……　　　车8退5　　⑯马五进三　士4进5

⑰炮五退一

现在我们不难看出梁大师的攻击计划，以黑方7路线为突破点，平车、进马、退炮，下一着炮五平三，准备强行打开局面，战意坚决。

⑰……　　　车2进4　　⑱相三进五　车2退2

⑲炮五平三　车8进4

红方顺利完成构思中的阵形布置，黑方进车牵制，破坏红方的进攻意图。但是在细节处理上黑方还有不妥之处，此时应走车8进3，以下兵三进一，炮9进5！这是黑方构建防守体系的要点，以下兵三进一，炮9平6，马四进二，车8平7，车四退三，车7退4，马二进四，马7退8，黑方满意。

⑳兵三进一　炮2进1　　㉑车四进二　炮2退2

㉒车四退二　炮2进2　　㉓车四进二　炮2退2

㉔车四退二　炮9平7　　㉕兵三进一　马7退9

㉖车六平四

正当红方攻势取得不错的效果之时，梁大师在进攻方向的选择上出现了问题，此时六路肋车不宜走动，可以选择炮三平五，以下车8平6，车六进五，车6退2，马四进二，车6退3，兵三平四，红方攻势不弱。

㉖……　　　　车2平4

机警，抢到肋线，黑方后防安全了很多。

㉗相五进三　炮7平6　　㉘后车平八　卒1进1

㉙马四进五

抓住黑方挺边卒的缓手，红方重新获得组织攻势的机会。

㉙……　　　　车4进2　　㉚相三退五　炮6平7

㉛马五退四　卒1平2　　㉜车八平九　卒2平1

㉝车四平八　炮2平3　　㉞车八进三　士5退4

㉟炮三平四

红方要发展攻势，就要解决下二路线上车炮被牵制的弱点，以后才可以利用多兵的优势徐图进攻。基于这个构思，红方可以考虑车八退五，卒3进1，兵七进一，炮7进6，马四退三，炮3进8，相五退七，车4平7，炮三平五，车8退3，车八进二，红方少相，但是子力位置俱佳，攻击力要比实战强得多。

㉟……　　　　炮7进6　　㊱马四退三　车4退4

㊲马三进四　士6进5　　㊳车八退八　炮3进5

红方攻势展不开，黑方积极削弱红方的物质力量。

㊴兵一进一　车4进2　　㊵马四进五　车4进1

㊶兵五进一（图66）

红方勉强求变，走出败着。应走车九进三，炮3平5，炮四平五，车8平6，马五退四，炮5退1，马四退三，车4平7，车九平五，车7进1，炮五平六，车7退4，车五平六，双方子力交换以后，局面简化，大体均势。

㊶……　　　　车4平6

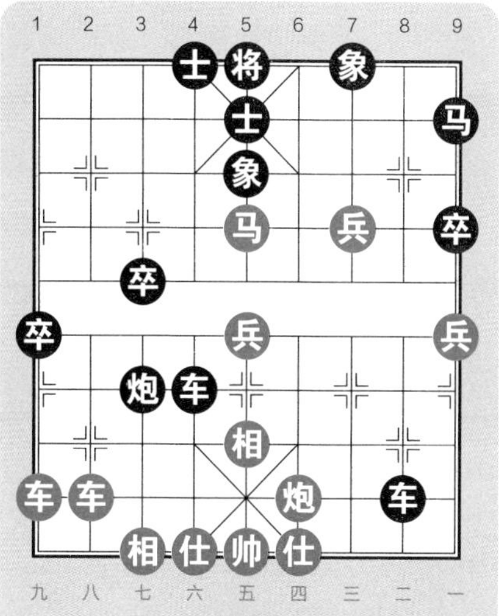

图66

忍隐了半盘棋，黑方终于觅得反攻的机会，平车捉炮准确，见缝插针。

㊷ 车八进二　炮3平5

㊸ 车八平五　车6平5

㊹ 炮四平五　车5平6

㊺ 炮五平八　卒1平2

黑方平卒防止红方炮八进八叫将抽车。

㊻ 仕六进五　车8退2

㊼ 车九进五　车6平2

㊽ 炮八平六　车2平4

㊾ 炮六进一　卒2进1　　㊿ 车九平八　卒3进1

再过一卒，黑方乘胜追击。

(51) 马五进七　卒3进1　　(52) 炮六平九　卒2平1

(53) 炮九平八　卒3进1　　(54) 炮八进三　卒3进1

(55) 车八平四　车4退4

黑方赢棋不闹事，退车先立于不败之地，再徐图进攻。

(56) 车四平七　卒3平4　　(57) 炮八进三　车8平4

红方认负。

第十九届亚洲运动会象棋选拔赛

第19届亚洲运动会中国国家象棋集训队已然高手云集。男子组：王天一、郑惟桐、赵鑫鑫、汪洋、洪智、孟辰、赵金成、陆伟韬；女子组：唐丹、王琳娜、左文静、沉思凡、陈幸琳、唐思楠，在选拔赛中脱颖而出，顺利进入中国国家象棋集训队，以上14位棋手将在集训队的刻苦训练和激烈竞争中奋勇争先，最终再选出4位男棋手和3位女棋手，共7位棋手获得第19届亚运会象棋比赛的参赛资格。

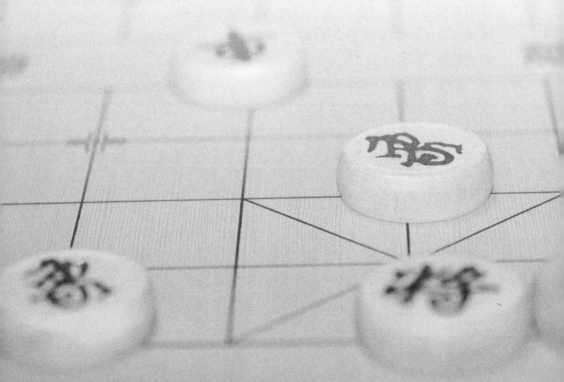

第34局　湖北 洪智 先胜 河南 武俊强

【对兵互进右马局】

① 兵七进一　卒7进1　　② 马八进七　马8进7

双方均跳正马，相互试探，稳步推进。

③ 炮八平九

红方平炮边陲，迅速通车攻击黑方尚处原位的右翼子力，着法明快。

③ ……　　　马2进3

黑方双马正起，严阵以待。

④ 车九平八　车1平2　　⑤ 炮二进四

进炮谋兵，积极进取。

⑤ ……　　　炮2进5

黑方炮2进5是2018年兴起的走法。以往黑方走炮2进4，马七进六，炮2进1，炮二平三，炮8进2，车一进二，炮2进1，车一平四，红方主动。这里不难看出炮2进5的好处在于黑方"节约"了一步棋，之后可以多抢出一步象3进5。

⑥ 马七进六

重要的行棋次序。红方如先走炮二平三，则炮8进2，马七进六，黑方此时可以直接卒3进1，兵七进一，炮8平3，马六进四，马7退5，由于红方左车被封，右翼车马未动，黑方随时车9平8出车，黑方优势明显。

⑥……　　　象 3 进 5

⑦炮二平三（图 67）

平炮压马是上一着马七进六的连续动作。红方如改走马二进三布局的节奏就要稍显混乱，黑方借机马 7 进 8，车一进一，卒 9 进 1，车一平四，士 4 进 5，红方二路炮有些薄弱，还留有被黑方攻击的可能，虽然不能说黑方取得反先的局势，但是至少可以判断黑方取得均势。

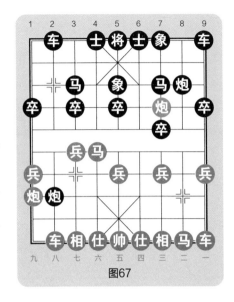

图67

⑦……　　　炮 8 进 2

⑧车一进二　炮 2 退 3

黑方退炮伏有炮 2 平 5 的先手，要比炮 2 进 1 的下法更坚实。

⑨仕六进五　士 6 进 5　　⑩车一平四　车 9 平 8

⑪马六进七

黑方处在巡河线上的双炮位置很好，红方要打开局面先要打破黑方双炮的防守。马六进七的作用就在于利用黑方双马受制，双车均在底线的弱点，逼迫黑方只有动炮主动拆开自己的防线。

⑪……　　　炮 8 进 2

黑方只有进炮别无它法，如卒 5 进 1，则炮三平九，马 3 进 1，炮九进四，2 路线上车炮被牵，黑棋更难下。

⑫马二进三　炮 8 平 5　　⑬相七进五

黑炮打中兵以后，最明显的问题是炮立于险地，红方如何利用这一点是关键，主要有炮九平五和相七进五两种方法。如炮九平五，黑方炮 2 进 3，车四进一，炮 5 退 1，车四进一，炮 2 退 2，以后红方还要选择马七退八交换，后面的着法计算并不复杂，多是命令性的走法。洪智特级大师放弃这路变化而走更为含蓄的相七进五，是不想动手这么早。决战时机尚未成熟，保留局面的多种可能性，更有

"味道"。

　⑬……　　炮5平3　　⑭马七进九

在此局面下，黑方右翼就像是一座待开发的小金矿，如果红方在黑方子力没有展开前，搜刮到一些实惠，对自己是十分有利的。面对黑炮打马，红方老老实实走马七退六不是不可以，以下卒5进1，车四进一，卒5进1，车四平七，卒5平4，兵七进一，炮2进3，红方略优。但是这个变化中，黑方中卒过河后，红方如鲠在喉，非常不舒服。马七进九的好处在于，黑方车2进2挤马后，黑方四个大子集中在2、3路线上，这着棋战略意义极大。相当于红方虽然没有挖到金子，但是已经寻找到开采的办法，只要时机成熟，迅速采金。

　⑭……　　车2进2　　⑮车四进一　炮3进2

　⑯车四平七　炮3平1　　⑰兵七进一

红车连续捉炮，把黑炮赶到边路，这是红方计划的第一步。现在冲起七路兵是计划的第二步。

　⑰……　　象5进3　　⑱车七进二　象7进5

　⑲车七进一

红方顺势进车后，黑方暴露出2路车的防守压力过重的弱点。

　⑲……　　车8进3　　⑳马三进五　象5进3（图68）

首先我们分析一下，黑方如改走车8平7，则马五进六，象5退3，车七进一，车2平3，马六进七，炮2平3，车八进八，黑方有顾忌。其次我再回看实战的着法，黑方飞高象后，红方该马五进六还是可以照常进马，该弃三路炮还是可以继续弃炮，没有受到任何影响。因此，不如象5退3，马五进六，象3进1，车七进一，车2平3，马六进七，炮2平5，炮三平九，车8进2，黑方主动简化局面后，形势要比实战平稳得多，并且黑方可以利用中炮、2路车对红方形成牵制，黑方获利多多。

　㉑马五进六　炮1进1　　㉒车八进四

这是改变双方相持局面走向的关键点，也是象5退3和象5进3演变的区别所在。红方占据高车，以后黑方占据不了车8进2的点，红方后防没有顾忌。

　　㉒……　　　　象3退1

　　㉓车七进一　车2平3

　　㉔马六进七　炮2平3

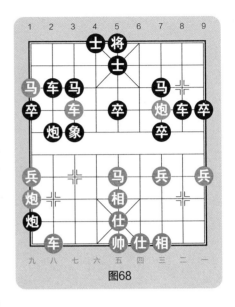

图68

　　黑方不能走炮2平5，否则炮三平九时，中炮正好挡住中卒前线的路线，只有车8进3，前炮平八，象1退3，炮九平七，红方攻势强劲。

　　㉕炮三平九　卒5进1

　　㉖马七进八

　　红方抢到这着先手捉象的机会，已经把这个金矿"挖"出来了。只不过当前局面下，红方左翼尚未完全安定下来，双方还在进行资源争夺，红方需要做的就是领先一步。

　　㉖……　　　炮3平1

　　这是很冷静自补的一着棋。如果炮3进5，则车八退四，炮3平6，车八进四，炮6退7，马八退九吃掉黑象，红方"挖矿"成功。

　　㉗前炮平八　象1退3

　　黑方如误走后炮进3，则马八退九，士5进6，马九进七，将5平6，红方车八退二可以捉死炮，红方大优。

　　㉘炮九平七　士5进4　　㉙相五进七　炮1退4

　　黑方退后炮防守很顽强，如马7退5，则车八进一，车8平4，车八平五，黑方弱点更多。

　　㉚马八退七　马7退5　　㉛马七退六　车8平4

　　㉜车八进一

　　以上几个回合，洪智特大仍没有直接发力，而是不断对黑方空间进行压缩，对黑方子力进行牵制、缠绕。这样黑方反倒是更不好对局面进行处理。

㉜……　　　后炮进4　　　㉝马六退八　后炮退2

㉞车八平五　后炮平3　　　㉟马八进七　车4进5

㊱炮七平五

相信洪智特大立中炮时，心情是非常愉快的，红方已经看到取胜的机会了。

㊱……　　　车4平3　　　㊲帅五平六　车3进1

㊳帅六进一　车3退1　　　㊴帅六退一　车3进1

㊵帅六进一　车3退4　　　㊶车五平三　马5进4

㊷炮八平六　炮1平7　　　㊸炮六平五　车3平5

㊹车三平五

黑方认负。

第35局　湖北　汪洋　先胜　山东　李翰林

【仙人指路对左中炮】

①兵七进一　炮8平5

以左中炮应对仙人指路是20世纪70年代黑龙江籍特级大师王嘉良老师系统开发的一套布局体系。主要战略思路是发挥中炮的直接攻击作用，以快打慢。

②马二进三　马8进7　　　③车一平二　车9平8

④炮二进四（图69）

进炮封车，不给黑方进车的机会，也是一步当前局面下富有传承的一着棋，早在 1986 年全国象棋团体赛上，李来群特级大师对阵王嘉良特级大师时，李特大率先弈出过这着棋。封车的最直接意图是通过限制黑车，避免双方子力过早接触，以发挥左翼子力灵动的特点。实战中，红方还有马八进七的下法，以后车 8 进 4，炮二平一，车 8 进 5，马三退二，马 2 进 1，马二进三，卒 7 进 1，双方兑掉一车，局势稍显平淡。由此可见，从总体上看马八进七

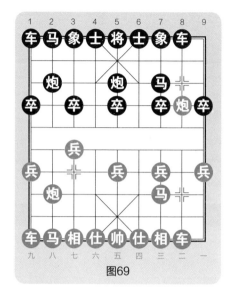

图69

的攻守变化是稳健的选择，现在大多数棋手更倾向于炮二进四，直接进卒林封车，意图保持局面的复杂性。

④……　　　卒 7 进 1　　⑤马八进七　马 2 进 1

跳边马稳健，这里黑方看似有马 7 进 6 的先手，但是黑方中路同样存在不安定因素。以下红方炮八进四，马 2 进 3，相七进五，卒 7 进 1，炮二进一，炮 5 退 1，炮二平八，车 8 进 9，马三退二，车 1 进 2，兵七进一，车 1 平 2，兵七进一，马 6 退 5，车九平八，黑方子力位置壅塞，棋形还要进一步调整，红方主动。

⑥相七进五

飞左相是红方的战略性选择。以后红方马七进八跳外马和车九平七出相位车，都是飞相这着棋所带来的变化。

⑥……　　　炮 2 平 4　　⑦马七进八　马 7 进 6

⑧兵七进一

面对黑方卒 7 进 1 闪击的手段，红方偏偏置之不理，冲七兵，酝酿一个弃子抢攻的计划。

⑧……　　　卒 7 进 1

箭在弦上不得不发，如卒 3 进 1，则车九平七，黑方再走卒 7 进

1，红方有炮二平九的手段，黑方损失更大。

　　⑨兵三进一　　车8进3　　　⑩车二进六　　马6退8

　　⑪兵七进一

　　红方虽然少子，但是七路兵过河，同时确保三路兵成为通路兵，足以补偿失子的价值。

　　⑪……　　　　炮4进5　　　⑫马三进四　　炮5进4

　　⑬仕六进五　　炮4退6

　　双方一来一往，各自决策都表现得非常清楚。红方是牺牲子力换速度、抢位置。黑方则是你不要的我都要，积极囤积物质上的力量打持久战。

　　⑭兵三进一　　炮4平7　　　⑮相三进一　　车1进1

　　黑方抢到盘面最后一个先手炮4平7后，对局进入一个重要的分水岭。黑方接下来是要继续进攻，还是要加强防守应对红方锋芒毕露的过河兵呢？实战中李翰林大师选择加强进攻，利用中炮的威慑力，围绕红方右翼防守薄弱的特点展开进攻。不过从事后来看，黑方的攻势开展得极为艰辛。这里可以考虑先走马8退6，兵三平四，车1进1，马四进六，炮5退1，车九平七，马6进8，兵四平三，炮7平8，兵七进一，车1平6，这样的下法，黑方再继续战斗，可以保留的变化更多。

　　⑯兵三进一　　马8进7　　　⑰兵三进一　　炮7平8

　　⑱兵三平二　　炮8平9

　　破釜沉舟的选择，但是付出的代价较大。

　　⑲相一进三　　车1平6　　　⑳马四进六　　炮5退2

　　㉑车九平七　　炮9进5　　　㉒相三退一　　炮9平8

　　㉓帅五平六

　　红方先退相拦截，再出帅化解，手段轻灵，现在黑方已经杀不进来了。接下来，汪特大的进攻更加从容不迫。

　　㉓……　　　　炮8进3　　　㉔相五退三　　车6进4

　　㉕车七进三　　车6平4　　　㉖炮八平六　　炮8退5

㉗马八退六

黑方退炮打马，红方反捉黑车，抢先化解危机。

㉗……　　　车4平5　　㉘前马进八　车5进1

此时黑方有车5平2、士6进5和实战的车5进1三种应对方案，却都很纠结，因为反击风险很大，不反击又被红方占得便宜。权衡后，黑方选择车5进1牵制的方案，以通过炮8进2先得回一子再做打算。

㉙兵七进一　　士6进5　　㉚兵七平八

面对黑方的构思，汪特大不为所动，连续进攻，清除边马的障碍。

㉚……　　　炮8进2　　㉛兵八平九　炮8平4

㉜炮六平四（图70）

双方各有所得。回顾上面几个回合，用"百米跨栏"赛形容并不为过。双方按自己的行棋计划，跨越对方设的种种障碍，向终点冲刺，在这个过程中，红方平肋炮后，抢先一个身位进入到最后的冲刺阶段。

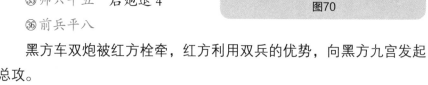

图70

㉜……　　　炮5进1

㉝马八进七　将5平6

㉞兵二平三　炮5平4

㉟帅六平五　后炮退4

㊱前兵平八

黑方车双炮被红方栓牵，红方利用双兵的优势，向黑方九宫发起总攻。

㊱……　　　车5平7　　㊲兵三平四　将6平5

㊳兵四进一　卒5进1　　㊴兵八平七　卒5进1

㊵炮四平五

黑方认负。

第二届全国象棋冠军元老赛

由中国象棋协会、罗定市人民政府共同主办，罗定市文化广电旅游体育局承办、广东省象棋协会协办的 2022 年第二届全国象棋冠军元老赛，于 7 月 11 日至 15 日在广东省"象棋之乡"罗定市举行，六位全国个人锦标赛冠军将争夺 45 万总奖金，个人冠军 15 万。参赛的六位特级大师分别是赵国荣、吕钦、陶汉明、柳大华、徐天红、于幼华。比赛用时为 60 分钟每走一步加 20 秒。采用 5 轮单循环制进行比赛。

经过 5 天 5 轮比赛的激烈比拼，陶汉明获得本届比赛的冠军，吕钦屈居亚军，柳大华获得第三名。

第 36 局　江苏 徐天红 先胜 黑龙江 赵国荣

【中炮过河车互进七兵对屏风马平炮兑车】

①炮二平五　马 8 进 7　　②马二进三　车 9 平 8

③车一平二　马 2 进 3　　④兵七进一　卒 7 进 1

⑤车二进六　炮 8 平 9　　⑥车二平三　炮 9 退 1

⑦炮八平六

红方平炮形成五六炮的典型阵式，其布局特点是左右出子均衡，马炮之间可互相保护，属于缓攻型布局。

⑦……　　　　车 8 进 5

在 1992 年的全国象棋个人赛上，赵国荣特级大师获得冠军，徐天红特级大师获得亚军。就在这一年，徐天红特大凭借稳中带凶的五六炮过河车布局，战和赵国荣特级大师，战胜当时风头正劲的卜凤波特级大师。在那年比赛中，卜凤波特级大师选择的就是车 8 进 5 进骑河车的下法，意在骑河捉兵对红方左翼施压。

⑧马八进七

五六炮布局的稳健之处就在于双马借双炮的掩护，在跳正马时无需担心任何一马失去保护。

⑧……　　　　车 8 平 3　　⑨车九平八　车 1 进 2 ［图 71（1）］

高车是一步很精巧的构思。黑方车、炮、双马四子平行排列在宫顶线，看起来子力壅塞，但是四个子同样构成一条坚实的防线。实战中黑方也可以车 1 平 2 保炮，不过同样是达到保炮的结果，两者发展出的战术方向的区别还是很大的。如果车1平2，红方续走车八进三，卒3进1，兵五进一，炮9平7，车三平四，炮7平5，马三进五，马3进4，车四平三，行棋至此，车1进2和车1平2的区别就显现出来了。车1平2时黑方要马4进5来解决7路马受攻的问题；而车1进2后同样走到这个局面［图71（2）］，黑方可以通过车3进1兑车来解决，以下红方如续走车八平七，马4进3，车三进一，黑方有一个炮2进4的巧着，黑优。当然车1进2和车1平2的变化也不仅仅局限于上面所推演的变化，这里只是提醒初、中级爱好者，在布局时要对那些结果相同而位置不同的局面详加分析，才不致落入后手。同时，这种从结果到最初选择的逆推过程也是棋手要多加锤炼的重要能力之一。

⑩车八进三　卒3进1　⑪车八平六

平车抢占肋线，控制黑方马3进4的线路，这着棋正是徐天红特级大师准备的一把"飞刀"。

⑪……　　士4进5

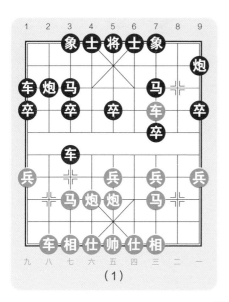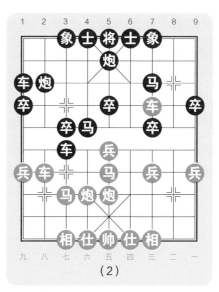

图71

正着，黑方如不补士而直接走炮9平7，红方车三平四后有车四进二捉炮的先手。

⑫兵五进一　炮9平7　　　⑬车三平四　马3进2

⑭车四进二　炮7平9

黑方如炮2退1打车，则车六进五，士4退5，车六退五，士4进5，形成循环往复的待判局面。红方长捉无根子，黑方长捉车，双方不变作和。

⑮车六进三　炮2平5

黑方走炮2平5架中炮后，从整体的形势来看，黑方已经反先。

⑯仕四进五　炮5进3（图72）

象棋是两个人下的，只要对手有选择，那么他就会有犯错的概率。随着黑方炮打中兵这着棋走出来，本局也迎来第一个拐点。黑方炮5进3这着棋不可谓不积极，但在实战中取得的效果却不太理想。此时，黑方可以先走车3进1，则兵三进一，车3平7，炮五进四，马7进5，车六平五，车7进1，相七进五，车7退1，车四平一，车1平4，形成这样的局面黑方要更有弹性，比实战的效果要好。

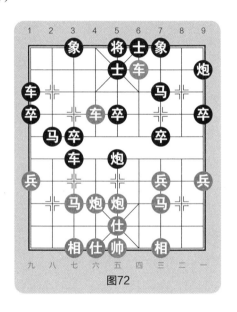

图72

⑰马七进六　马2进3　　　⑱炮五进一

行棋至此不难看出，黑方炮5进3和马2进3两着棋等于帮助红方走厚了阵形，下一着相三进五后，红方稳占优势。

⑱……　　　卒9进1　　　⑲相三进五　炮9进2

⑳车六进二　车3平2　　　㉑炮五平四

平炮是本局的第二个拐点，红方利用双车占位的优势，破士获胜。

㉑……　　　卒 3 进 1　　　㉒炮四进六　马 3 进 2

㉓车四平五

黑方认负。

第 37 局　浙江 于幼华 先胜 湖北 柳大华

【起马局互进七兵（卒）】

①马二进三　卒 7 进 1　　　②兵七进一　马 8 进 7

③马八进七　车 9 进 1

黑方先起横车，是一种灵活多变的着法，以后可伺机平向肋道或弃 3 卒平象位线抢兑，攻守两利。双方变化复杂，内涵相当丰富。

④炮二平一

红方右炮平边，目的是亮出右车实施牵制，也是对黑方左横车的一种打法。

④……　　　马 7 进 8

黑方进外马封车，可走之着。

⑤兵一进一

于特大和柳特大的棋，处处都能体现战斗风格。兵一进一就是针对黑方马 7 进 8 的作战手段，接下来伏有兵一进一，马 8 进 7，炮一进四的棋，红方可在局部获利。

⑤……　　　马 8 进 7　　　⑥车一平二　象 3 进 5

⑦车二进三

短短 7 个回合还未走完，枰面已经充满战斗气息。双方虽然是以起马对挺卒的柔性布局起手，但并没有过多的试探过程，而是很快就有了短兵相接，近身互搏的迹象。

⑦……　　　卒 7 进 1　　⑧相七进五　车 9 平 7（图 73）

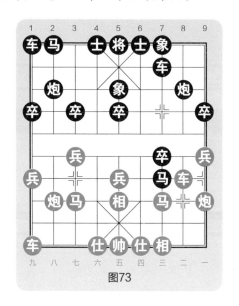

图73

黑方平车有些太过强硬了，可以考虑炮 8 平 7，马七进六（相五进三，车 9 平 4，炮八进二，马 2 进 3，以后车 1 进 1，双方大体均势），车 9 平 6，仕六进五，马 2 进 4，双方对峙。

⑨炮八进一　马 7 进 5

黑马无处可去，只能用马换相。不过黑方取得的附带价值是黑方在 7 路线上存在潜在的攻势。但这个附带价值能给黑方带来多大的利益，还要看接下来的着法选择。

⑩炮一平五　马 2 进 4　　⑪车九进一　卒 3 进 1

兑 3 卒准备两翼齐飞，对红方发动攻击。

⑫兵七进一　车 1 平 3　　⑬车二进二

七兵的作用对红方至关重要，进车保兵等于在黑方阵地中构建出一条防线。

⑬……　　　卒 7 进 1　　⑭马三退一　炮 8 平 9

⑮车九平三

平车三路线，简单而直接的手段，棋局充满对抗感。就棋而言，红方也可以马七进六，则马 4 进 6，炮五进四，士 4 进 5，车九平七，车 7 进 4，马六进四，红方优势。

⑮……　　　炮 9 平 7

临场柳特大认为红方左翼可以成为黑方反击的方向，先平炮再炮

7进2切断红方二路车与七路兵的联络，付出的代价是牺牲位置较好的过河卒。

⑯车三进二　炮7进2　　⑰马一进二　车3进4

⑱马二进三

红方进马交换简单明了。象棋对局带有严格的逻辑性，这种逻辑就是棋理。红方此时的逻辑是"己方多子时，与对手兑子越多越好。棋盘上的棋子越少，对方攻击自己的机会就越小"。

⑱……　　　　象5进7　　⑲马七进六

红方再进左马虚实结合，黑方如果不理，则马六进五，马4进5，车二进一，先弃后取，稳占优势。如果黑方车3平4拦马，则马六退四转攻黑方高象，限制黑方的子力效率。

⑲……　　　　车3平4　　⑳马六退四　象7进9

黑方飞边象可以保留炮2平5对攻的可能，虽处劣势，但是柳特大依然是战意十足。

㉑车三进一　车4进2　　㉒炮八进三　炮2平5

㉓车三平七　炮5进4

不如先车4平2跟炮，以下炮八平一，炮5进4，仕四进五，象7退5，马四退二，象9退7，较实战的走法要更顽强。

㉔炮五进四（图74）

决定本局最终走向的一着棋。黑方困难的是无法走马4进5消除红方中炮的威胁，否则炮八进三，将5进1，车二进一，马5进6，车七进四，车4退5，炮八退一捉死车，红方胜势。

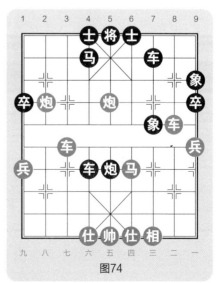

图74

㉔……　　　　炮5平1

㉕炮五退二

退炮以后，红方优势已不可

动摇。

㉕……　　　　车4平5　　㉖仕六进五　炮1平6

㉗车二进一　车7进1　　㉘车二平四　车7平6

㉙炮八进三

黑方6路车必失，投子认负。

第38局　黑龙江 赵国荣 先胜 浙江 于幼华

【中炮对反宫马】

①炮二平五　马2进3　　②马二进三　炮8平6

③车一平二　马8进7　　④兵五进一

双方以中炮对反宫马布局拉开战幕。看着赵国荣特级大师走出兵五进一时，观者顿时感觉到厚重的历史感扑面而来。一代宗师胡荣华凭借反宫马布局独步棋坛，而当年应对黑方反宫马的主要作战方式就是兵五进一冲中兵。特别是黑龙江籍特级大师王嘉良对此布局有着深入的研究，在棋坛上留下多则佳局。

④……　　　　炮6平5（图75）

老式的反宫马应对中兵的走法是象3进5通过补士象进行防守，红方马八进七，士4进5，炮八平九，炮2进4，兵七进一，车1平4，车九平八，车4进6，兵五进一，红方在中路与黑方形成接触战，演变下去红方主动。实战中黑方这着炮6平5架中炮虽丢一先，但可直接抑制红方的攻势，是公认的最佳选择。

⑤马八进七　卒7进1

⑥车二进六　卒3进1

黑方挺两头蛇是近年兴起的变化。经典走法是车9进2高车保马，以后黑方可以通过车1进1再车1平4打开局面。卒3进1的走法相对含蓄，保留炮2进1驱车的机会，让红方过河车定位。

⑦车二平三　马3进4

⑧兵五进一

红方弃兵，限制黑方河口马，这是上一着车二平三的后续手段。

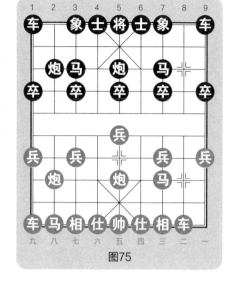

图75

⑧……　　　炮5进2

炮打中兵是黑方最佳的选择。如卒5进1，则马七进五，卒5进1，炮五进二，士6进5，炮八平五，红方抢攻中路的预定部署顺利完成，开局成功。

⑨马七进五　炮2平5

黑方平中炮，乍看之下是准备弃子对攻，其实不然。黑方这是在巧设陷阱，试探红方应手。

⑩炮五进三　卒5进1　　⑪炮八平五

红方不能车三进一吃马，黑方有卒5进1手段，以下炮八平五，卒5进1，炮五进五，象3进5，车九进二，卒5平6，车九平六，马4进3，车六进一，卒6进1，车六平七，卒6平7，黑方过河卒深入红方腹地，黑方反先夺势。

⑪……　　　炮5进4　　⑫马三进五　马4进5

⑬炮五进三（图76）

红方顺利取得空头炮优势，这让黑方非常难受。回过头来，我们再看之前的局面，就会发现黑方炮2平5这着陷阱有"未伤人先伤己"的嫌疑。第9回合，黑方不如堂堂正正走马4进5交换，以下炮五进三，卒5进1，炮八平五，车1进2，车九平八，车9进1，仕六进五，车9平5！马三进五，炮2平5，双方后续子力必然简化，局面平稳。

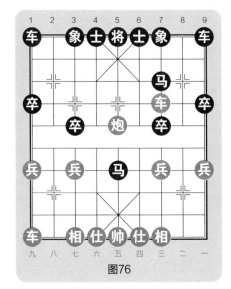

图76

⑬……　　　　　车1进2

⑭车九进二　车9进1

黑方连续出车，力图挽回不利的局面，但是当前局面让黑方非常尴尬的是双车、双马四个大子都无法威胁到红炮的安全，红方中炮不动，黑方受困的问题就无法解决。

⑮车九平五　马5退4　　⑯车三平六　马4进3

⑰车五进一　卒3进1　　⑱车五平六

赵特大这几着运子手段颇见功力，可谓是"刀刀见血"，利用围攻黑马之机，双车占肋，强大攻势已直指黑方王城。

⑱……　　　　　车9平3　　⑲仕四进五　车1平6

⑳炮五退三

赵特大通过补仕、退炮这两着棋，已经做好决战前的最后准备，黑方将承受红方猛烈的攻击。

⑳……　　　　　马7进6　　㉑前车进三　　　将5进1

㉒后车平五　车6平5　　㉓车五进二

进车好棋，黑方顿时左右难以兼顾。

㉓……　　　　　马3进5　　㉔车五平四　车3进3

㉕车四进四

黑方认负。

第六届"元朗荣华杯"象棋公开赛

东莞市第六届"元朗荣华杯"象棋公开赛于7月8日—9日在广东省东莞市石碣镇顺利举行。比赛用时20分钟，每走一步棋加5秒。经过七轮的激烈较量，最终首席夺冠大热门、棋坛顶级高手、等级分全国第三的特级大师孟辰发挥出色，以七战五胜二平积12分，胜率86%的不败战绩豪取桂冠。这是孟辰继2019年第四届之后，再度在元朗荣华杯赛场折桂。李翰林、张学潮、宿少峰，分获亚季殿军。女子组前三名分别是王琳娜、陈幸琳、梁妍婷。

第39局　河南 曹岩磊 先负 河南 武俊强

【对兵局】

①兵七进一　卒7进1

对兵局是一种灵活多变的布局，它可根据棋手风格的不同，而演变成温文尔雅的马局、相局，亦或是激烈的中炮局。

②相三进五

面对昔日象甲征战的队友，曹岩磊大师一改喜攻擅杀的棋风，稳稳地走了一着中相，有意拉长战线，与武大师较量中残局功力。

②……　　　　马8进7　　③马八进七　马2进3

④炮八平九　车1平2　　⑤马二进四　象7进5

开局阶段双方大打太极推手，起手的前五个回合，双方均在自己的阵地内调运子力。这种局面下，双方阵形都相对厚实，后防无忧。一旦双方子力形成缠绕，都无法快速简化局面，双方缠斗的凶险程度，比中炮局更有过之而无不及。

⑥车一平三　马7进6　　⑦车九进一　炮2进6

进炮拦车，破坏红方车九平六的计划。

⑧炮二进三　马6退7　　⑨炮二退一　马7进6

⑩炮二进一　马6退7　　⑪炮二退三（图77）

红炮退回原位稳健，有利于保持局面的相对平稳，以后马七进六，利用担子炮的防守来协调阵形。如炮二退一，计划马七进八先手捉炮，那么黑方可以抢先走马7进6，待红方马七进八时，续走卒7

进1，炮二平一，车9平8，车九平八，卒7平8，兵三进一，炮8平7，车三平二，卒9进1，黑方通过先弃后取战术可以得回失子，并且红方八路车防守负担过重成为局面弱点，黑方满意。

⑪······ 马7进6

⑫马四进六

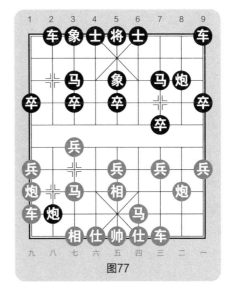

图77

行棋至此，双方已经完全脱谱，全凭自己对局面的理解和计算力来维持棋局的运转。红方跳拐角马这着棋是准备车三进一捉炮，先把阻碍红方下二路线通路的黑炮"挤"出去。以后再车九平四或车三平四，打开局面。

⑫······ 炮8平7 ⑬车三进一 炮2退1

⑭车三平四

既然红方车三进一的计划就是用车捉炮后，改善九路车的位置，那么此时为什么不走车九平四呢？原因在于红方如车九平四，则马6进5，马七进六，车9平8，车三平二，黑方不仅有车8进5捉马的先手，而且红方二路线上的车炮位置不好，黑方可以取得均势局面。实战中这着车三平四保留九路车变化的同时避开黑方7路炮的威胁，局面更加灵活。

⑭······ 马6进7 ⑮车四进六 车9平8

⑯炮二平三 炮7退2 ⑰马七进六 士6进5

⑱车四退四

只此一着，红方如车四退三，则车8进7，炮三退二，炮2进2，黑方有攻势。

⑱······ 车8进5 ⑲前马进七 车2进3

⑳车九平八 车8进2

中局形成纠缠，双方子力互相制约，犬牙交错。但黑阵如铜墙铁壁，红方子力实在无隙可乘。

㉑炮三退二　　马3退1

退马给2路车生根，在棋形调整好之前，武俊强大师决定先不与曹大师过早形成接触战。

㉒兵七进一

曹岩磊大师有弃子大师的雅号，其原因就是经常在平淡的局面中利用弃子战术走出一条不寻常之路。这着兵七进一为下一着进马捉马简化局面创造机会。

㉒……　　　　象5进3　　㉓马六进五（图78）

思维惯性的结果，也是上一着兵七进一的后续。通常情况下，棋手在计算时的推演思路是连贯的，面对已经计算过的候选着法，往往不会理会全局出现的一些细小的变化，还是会按照之前的构思来处理，这就是所谓的棋手惯性思维。当然，这种思维方法的优点是可以让棋手保持思维的连续性和计划的执行力，但不利之处也是显而易见的——容易一条路"算"到底。其实，红方还可以马七进六，车8退3，车八平七，炮2进2，仕四进五，象3退5，后马进七，把局面更加尖锐化。不过这个变例对于棋手临场计算有太多的不确定性，职业棋手"不下不确定的棋"这是一条铁律，曹大师放弃了这种选择也在情理之中。

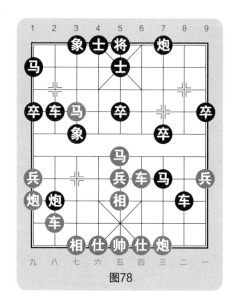

图78

㉓……　　　　车8退6

㉔马五退三　　车8进5

黑车退而再进，牵制红方车马，好棋。

㉕车四进三　　炮7进6

㉖车四平五　　炮7平9

借红方急于摆脱牵制的心理，

黑方不声不响地底炮过河参战，红方防守压力不断增大。

㉗ 车五平一

平车吃卒轻率，对黑方炮打中兵后带来的危险估计不足。此时应走车八平四，炮9平5，仕四进五，炮2平3，车五平一，车8退6，车四进五，双方互有顾忌。

㉗……　　炮9平5　　㉘仕六进五　车8平6

㉙车一进三　车6退6　　㉚车一退六　炮5退4

㉛马七退五

红方把解决左翼子力位置受制作为当前的主要任务。其实更稳健的走法是马七进五，象3进5，车一平七，局面仍然比较复杂，充满可变性。

㉛……　　车2平5　　㉜马五退六　车5平6

㉝马六进五　炮2退4

以上两个回合中，红方又吃了一个暗亏，相当于红方子力未动，黑方多走了车2平6和炮2退4两着棋。这两着棋虽然不会给红方带来致命的伤害，但是却有利于黑方攻势的开展。

㉞ 车一平七

败着。红方应炮九进四打开封闭的局面，以下前车进1，炮九退一，炮2平5，车八进七，后炮进2，炮九平五，前车平5，车八平九，简化局面，双方大体均势。

㉞……　　炮5平2

黑方平炮犹如给了红方当头一棒，红方底线顿时危机四伏。

㉟炮九进四　后炮进6　　㊱炮九平四　车6进3

㊲车七进二　前炮进1　　㊳相七进九　前炮平1

红方左翼的弱点充分暴露了出来。

㊴车七平八　马1进3　　㊵车八退二　马3进4

㊶炮三平一　车6进1　　㊷马五退六　车6进2

迫使红方兑车，削弱其防守力量。

㊸马六进七　车6平2　　㊹马七退八　马4进3

红方认负。

第40局　广东 黄海林 先负 天津 孟辰

【仙人指路转左中炮对卒底炮飞右象】

①兵七进一　炮2平3　　②炮二平五　象7进5

飞左象是孟辰特级大师比较偏爱的变化，其特点是容易形成激烈对攻。

③马二进三

通常认为，黑方飞左象后红方就不宜走马二进三了，因为卒3进1，马八进九，卒3进1，车一平二，马2进1，接下来黑方左马可以拐角，阵型颇为协调。因此在这个局面下，一般红方都会选择马八进九的变化。现在黄海林大师反其道而行，应是有备而来。

③……　　　卒3进1　　④车一平二　卒3进1

⑤相七进九

飞相避开黑方3路炮的威胁，以后可以通过马八进六解决左翼子力位置不通畅的弱点。在黑方以放弃中卒的代价换取3路卒过河的情况下，红方的中炮是不宜轻发的，否则将无形中拖累了强子出动的速度，试演一例：炮五进四，士6进5，相七进五，马2进1，马八进六，车1平2，车九平八，车2进3，黑方反先。

⑤……　　　马2进1　　⑥相九进七

红方飞相吃卒必然，如马八进六，则马1进3，红方吃不到黑卒，黑卒的潜在威胁又让红方心存顾忌。

⑥……　　　车1平2　　⑦马八进六　马8进6

⑧车九平八　车2进4

行棋至此，孟辰特大率先脱谱。右车巡河可以避免红方炮八进四或炮八进五的封压，同时保留车2平4攻击红方拐角马的机会，黑方阵形弹性十足。

⑨炮八平七　　车2平4　　　⑩炮七进五　　炮8平3

⑪车八进七　　炮3退1（图79）

退炮是保持黑方阵形体系中至关重要的一着棋，保护拐角马不受侵扰。如改走炮3平4看似在局部抢得先手，但是红方车二进八反捉黑方后，黑方阵形不稳。以下黑车4平6，炮五平四，炮4进1，车二退四，车9进2，炮四平七，炮4进1，马六进七，黑方虽不至于立即受到攻击，但是黑方子力要处处设防，被红方牵着走，局面落入后手。

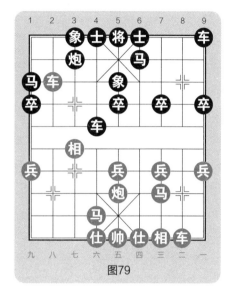

图79

⑫马六进八　　马6进4

⑬仕六进五　　马4进3　　　⑭车八退一　　士6进5

⑮车二进四

上一着黑方补士看似平淡，实则暗设陷阱。红方如炮五进四打卒就将落入黑方的圈套。黑方车4平7，炮五平六（车二进三，马7退5，车八平五，车9平6，黑方主动），车7进2，车二进二，车9平6，黑方双车快速走到有利位置，黑方易走。

⑮……　　　　卒1进1　　　⑯车八平五

上一着黑方卒1进1虚实兼顾，即是一步等着，又活通边马。这着棋走出来红方确实有点难受。只有利用枰面上唯一位置灵活的八路车杀卒，来寻找打开局面的机会。

⑯……　　　　车4平7　　　⑰车五平六　　马3退4

退马构思精巧，既防止红方车四进二塞象眼的侵扰，又掩护黑方马1进2出击。

⑱ 马八进六　马1进2　　⑲ 兵三进一

红方冲兵捉车，算准黑方不会交换，为六路车腾挪位置。

⑲ ……　　　　车7平6　　⑳ 车六平三　车6平4

㉑ 马六进八　马2进4　　㉒ 马八进七　车4平3

㉓ 马七进五（图80）

实战中红方的计划是利用双车、三路的位置灵活的优势，积极制造战机，但小瞧了黑方潜在的反攻力度，显然此时弃子攻象有轻率之嫌。此时有一个计算上的盲点被红方忽略，红方应走马七进六，前马进5，相三进五，马4进5，车三平二，马5进6，后车进一，车3平8，车二退一，红方兵种稍亏，不过保留下中兵和三路兵两个通路兵，红方仍持先手。从以后的实战进程来看，

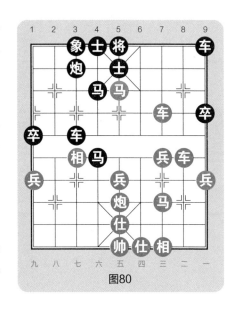

图80

红方这着成为本局胜负走向的分水岭，红方由此陷入苦战之中。

㉓ ……　　　　前马进5　　㉔ 马五进三　炮3平7

㉕ 相三进五　炮7平6　　㉖ 兵三进一

进三兵是为弥补兵力上的不足。

㉖ ……　　　　炮6进5　　㉗ 兵九进一

不想让黑方抢到炮6平1的机会。

㉗ ……　　　　卒1进1　　㉘ 马三进四

黑方子力占位虽然靠后，但是物质力量上有优势，红方感觉单纯防守是行不通的，只有转守为攻，让黑方后防存在顾忌，红方尚有周旋的余地。考虑到这里，红方果断进马，试图挑起纷争。

㉘ ……　　　　车3平5　　㉙ 兵三平二　车5进2

㉚ 车三退三　车9平6

上一着黑方车5进2是反常规地一着棋，显然对红方车三退三牵制的手段已经有预案，出肋车准备车6进4再车6平2，开辟新的战场。

㉛马四进三　车5平2　　㉜车二平五　车6平8

㉝马三退二　车2进3　　㉞仕五退六　炮6退6

"赢棋不闹事"，黑方也没有选择炮6平1，相七退九，马4进3，车五平七，车8进4，这路强硬的走法。

㉟车三进二　车2退3　　㊱马二进四　车2平6

㊲仕六进五　车8进2

黑方进车切断红马的行棋路线，让红方无从下手。

㊳马四进六　车6退3　　㊳车三平六　马4进2

㊵车六退三　车8进2

消灭红方进攻的希望，黑方取胜已是水到渠成。

㊶帅五平六　车8退2

红方认负。